はじめに

寒さがゆるんで暖かな日が増えると、外へ出るのが楽しくなります。
足元には、元気に顔を出したよもぎや、たんぽぽ。
菜の花や、カラスノエンドウ、ハルジオンの花も咲き出します。

梅雨から夏にかけては、植物が一番元気な季節。
道端や畑の隅では、どくだみが力強く茂り、白いつぼみをつけます。
草や木はぐんぐん葉や茎をのばし、ハーブも旺盛に成長します。

季刊誌「うかたま」ではその季節ごとに、身近な草を摘み、
おやつや料理をつくったり、乾燥させてお茶にしたり、焼酎に漬けて
チンキにしたりと、さまざまなかたちで暮らしにいかす工夫を紹介してきました。
この本は、そんな自然とのつきあい方を1冊にまとめたものです。
ここにも、あそこにもと、いつもの見慣れた道が
使いたくなる草や花の宝庫に見えてくる。
そんなレシピをお届けします。

目次

本誌の料理レシピの分量について

1カップは 200㎖、大さじ 1 は 15㎖、小さじ 1 は 5㎖。
1合は 180㎖、1㎖は 1ccです。
材料にある「植物油」は、菜種油、米油などを示し、
ごま油、オリーブオイルを使う場合は、別に指定します。

とくに表記のないレシピ・料理、文のまとめは編集部です。

よもぎを
食べる・使う

厳しい寒さがやわらぎ、

日差しの暖かさを感じられるようになる頃、

野原や道ばたで、よもぎの新芽が顔を出します。

日本では沖縄から北海道まで全国どこでも生えていて、

春の新芽を摘んで、もちやだんごが各地でつくられてきました。

成長したよもぎは、乾燥させてお茶やお酒に利用することもできます。

おいしく食べたり、楽しく暮らしに取り入れたり、

よもぎを丸ごと利用してみましょう。

写真＝小林キユウ（p5〜15，18〜21，26〜27）、五十嵐公（p17，22〜23）、高木あつ子（p24春先）、
PIXTA（p25ニショモギ、ハママーチ、オオヨモギ）、編集部（p24春〜夏、葉裏、p25カズザキヨモギ）
イラスト＝いしわためぐみ　スタイリング＝本郷由紀子

台湾風草もち

甘い具としょっぱい具、どちらにも合う春のもちです。

〈**材料**〉10個分
上新粉…50g
白玉粉…150g
水…180〜200㎖
よもぎペースト（p26参照）
　　…20g（生葉で50g）
植物油…適量
【具】
あんこ…100g（10等分して丸める）
惣菜あん
　┌ 切り干し大根…30g（水で戻す）
　│ さくらえび…大さじ1
　A 醤油…大さじ1
　│ みりん…大さじ1
　└ 切り干し大根の戻し汁…大さじ3
植物油…適量

〈**つくり方**〉
1　惣菜あんをつくる。フライパンに油を熱し、Aを炒める。煮汁がなくなるまで煮詰める。
2　生地をつくる。粉を合わせて混ぜ、水を少しずつ入れて耳たぶくらいのやわらかさになるまでこねる。
3　2によもぎペーストを加え（写真a）、全体になじむまでよくこねる。
4　生地を10等分する。手に油をつけ、生地を丸く平らにのばして具を包む（写真b、c）。周囲を薄くすると丸めやすい。
5　5㎝四方に切ったオーブンシートにもちをのせ、蒸気の上がった蒸し器*で15〜20分蒸す。

＊蒸し器は蓋を布巾などで包み、水滴がもちに落ちないようにする。中華せいろは蒸気が抜けるので、布巾で包む必要はない。

台湾で春節などに食べる草もちは、甘い小豆あんのほか、甘くない具も一般的です。切り干し大根とさくらえび（台湾では干しえび）のクセのある風味が、ほろ苦いよもぎの生地に意外と合います。

あんこ入り

惣菜あん入り

丸ごとよもぎ蒸しパン

せいろでどーんとつくると迫力満点。
さわやかな香りがふわっと広がります。

〈**材料**〉18㎝のせいろ*1台
小麦粉…100g
よもぎ粉（p27参照）…大さじ2
ベーキングパウダー…8g
卵…2個
砂糖…40g
牛乳…50㎖
植物油…40㎖

*ケーキ用の型や耐熱皿を蒸し器に入れ
て蒸してもよい。

〈**つくり方**〉

1 卵と砂糖をボウルでよく混ぜ、牛乳、
油を加えてさらに混ぜる。

2 小麦粉とよもぎ粉、ベーキングパウ
ダーを1にふるい入れ、練らないよ
うにへらでさっくり混ぜる。

3 せいろ（型）にオーブンシートを敷き、
2の生地を流し入れる。

4 蒸気の上がった状態から20～25分
強火で蒸し、竹串で刺して生地がつ
かなかったら火を止める。

よもぎアイス

おもちもいいけどアイスも格別。
よもぎの風味が口の中に広がります。

〈**材料**〉4人分
よもぎ…ひとつかみ
　　（約40g）
牛乳…1/2カップ
卵…2個
砂糖…50g
生クリーム…1カップ

〈**つくり方**〉

1　よもぎはゆでて水気をしぼり、牛乳と一緒にミキサーにかける。

2　ボウルに卵を割り入れ、砂糖を加えてもったりするまで泡立て器で泡立てる。

3　2に1を加えて泡をつぶさないようにへらで混ぜ合わせ、ザルなどでこして鍋に入れる。

4　弱火にかけ、とろみがついてきたら火を止めて冷ます。

5　生クリームを八分立てにして、冷めた4を少しずつ入れて泡をつぶさないようにへらで切り混ぜる。

6　蓋つきの平らな容器に流し入れ、冷凍庫で3〜4時間冷やし固める。

◎あんこを添えて食べるとおいしい。

よもぎはもちやだんごに使うことが多いですが、乳製品とも相性がいいです。スーッとした清涼感があるので、和風のミントアイスのような味わいです。

草だんご

花見にぴったりのおやつ。
串に刺しても黒文字でつまんでもよく、
たれや混ぜる素材でいろいろな味が楽しめます。

〈**材料**〉16個分
よもぎペースト（p26参照）…50g（生で125g）
白玉粉…30g
水…1/4カップ弱
上新粉…120g
熱湯…1/3カップ
きな粉と砂糖、小豆あん…適量

〈**つくり方**〉

1 白玉粉に少しずつ水を加えてこね、ひと
  まとめにする。

2 別のボウルに上新粉を入れ、熱湯を加え
  て菜箸で全体を混ぜる。少し水を吸った
  状態のところへ1を合わせて手でこねる。

3 たっぷりの湯を沸かし、2を5等分にし、
  浮き上がるまで5分ほどゆでる。

4 すり鉢によもぎペーストとお湯を切った
  3を入れ、熱いうちにすりこぎでつきな
  がら、生地全体によもぎが混ざってひと
  まとまりになるようにする。

5 ぬれ布巾の上に出してよくこね、なめら
  かになったら棒状にのばし、包丁で16等
  分に切り分けて丸める。

6 5のだんごを平らな容器に並べ、軽く混
  ぜたきな粉と砂糖や小豆あんをかける。

◎生地はゆでたら熱いうちにこねる。冷めるとこねにくく丸め
にくくなる。
◎串だんごにする場合は、串に4つずつ刺す。

黒ごまだんごと みたらしだんごの つくり方

だんごは、草だんごの材料から
よもぎペーストを除き、草だん
ごの1〜5と同様にしてつくる（4
のプロセスは不要）。平らな容器
に並べ、ごまだれや、みたらし
あんをかける。

【ごまだれ】
黒ごま60gをよく炒り、すり鉢で
きめ細かくなるまでする。鍋に
砂糖60g、塩少々、水1/4カップ
を入れて火にかけ、砂糖が溶け
たらすったごまを加え、混ぜな
がら練る。

【みたらしあん】
醤油大さじ1、砂糖大さじ3、水
大さじ4、かたくり粉大さじ2/3
を小鍋に入れる。よく溶いてか
ら中火にかけ、絶えず木べらで
混ぜ続け、とろみがつき始めた
らすぐに火を止める。余熱でか
たまるのでサラッとした状態で
よい。

よもぎと鶏のお粥

鶏だしがやさしいとろとろお粥。
よもぎの苦みがアクセントになっています。

〈**材料**〉2人分
米…1/2カップ
水…5カップ
鶏手羽肉…80g
塩…小さじ1/2
よもぎ…50g（ゆでて細かく刻む）
長ねぎ…1/4本（せん切り）
しょうが…1かけ（せん切り）

〈**つくり方**〉

1 鍋に洗った米と分量の水を入れて強火にかける。沸騰したら弱火にし鶏肉と塩を加える。鶏肉は火が通ったら取り出す。

2 米がやわらかくなるまで煮たらよもぎを加えて混ぜ、火を止める。

3 2の鶏肉をほぐし、ねぎ、しょうがと一緒にお粥にのせて食べる。

◎風味を残すために、よもぎを入れてからは煮込まない。フライドオニオンや松の実をトッピングしてもおいしい。

よもぎのごま和え

春らしい苦みに黒ごまのコクが加わり
相性抜群の一品です。

〈**材料**〉2人分
よもぎ…50g（ゆでてざく切り）
黒ごま…大さじ1
醬油…小さじ1
砂糖…小さじ1/2

〈**つくり方**〉

炒った黒ごまをすり鉢ですり、醬油、砂糖を加えて混ぜ、よもぎと和える。

よもぎと鶏のお粥

よもぎのごま和え

13

卵焼き

カリッと焼いた卵が絶品。
生葉の風味を
丸ごと味わいます。

〈**材料**〉2人分
よもぎ…20〜30g
卵…2個
[醤油…大さじ1/2
[塩、こしょう…適量
ごま油…大さじ1
醤油、酢…適量

〈**つくり方**〉

1 ボウルに卵を割り、ざく切りにした生のよもぎと調味料を入れて菜箸で混ぜる。

2 フライパンに油を熱し、1を流し入れて両面をカリッと焼く。酢醤油をつけて食べる。

よもぎ塩ポテト

よもぎは香りを生かしスパイスのように使います。
やみつきになる味です。

〈材料〉2人分
じゃがいも…小6個
　（皮つきのまま半分に切る）
にんにく…1かけ（みじん切り）
オリーブオイル…大さじ2
よもぎ粉（p27参照）…小さじ1
塩…小さじ1

〈つくり方〉
1　鍋にじゃがいもを入れ、たっぷりの水でかためにゆでたら、ザルに上げて水気を切る。
2　フライパンにオリーブオイルとにんにくを熱し、1のじゃがいもを加えて焼き目がつくまで中火で焼く。
3　よもぎ粉と塩を混ぜ合わせ、2にからめる。

◎よもぎ塩は肉にまぶして焼いたり、ゆで野菜、蒸し野菜につけてもおいしい。

ふーちばーじゅーしー

沖縄の炊き込みご飯。
よもぎがふわっと香ります。

〈**材料**〉4人分

米…3合
豚バラかたまり肉…150g
┌ 水…適量(3カップ以上)
│ しょうがの薄切り…1かけ分
│ ねぎの青い部分…1本分
└ 酒…1/4カップ
よもぎ(やわらかい葉)
　…ひとつかみ(約50g)
にんじん…1/4本
干し椎茸(水で戻す)…2枚
┌ 塩…小さじ1
A
└ 醤油…大さじ1

〈**つくり方**〉

1　水をはったボウルによもぎを入れ、何度か水を替えながらよくもんでアクを抜く。

2　鍋に豚肉と、肉が全部浸る量の水を入れ、しょうが、ねぎ、酒を加えて中火にかける。沸騰したらアクをとり、弱火にして約30分煮る。

3　豚肉を取り出して5mmほどのさいの目に切る。煮汁は捨てずに冷ましておく。

4　にんじん、椎茸、水を切った1のよもぎをみじん切りにする。

5　炊飯器に洗った米と豚肉、野菜、よもぎ、Aを入れ、2の煮汁を3合の目盛りに合わせて入れて炊く。

6　炊き上がったら器によそい、よもぎの葉(分量外)を小さくちぎって散らす。

「ふーちばー」は沖縄ではよもぎのこと。「じゅーしー」は雑炊や炊き込みご飯です。雑炊は日常に、炊き込みご飯は祝いの席で食べたようです。薬効が高まる夏のよもぎをたっぷり食べられるレシピです。

黒糖よもぎ茶

黒砂糖の甘みで飲みやすい。
デトックス効果もあります。

〈材料〉　2杯分
よもぎ乾燥葉（刻む）
　…ひとつかみ（10〜12g）
水…500㎖
黒砂糖…2〜3かけ（8〜10g）

〈道具〉
ホーロー・陶製・耐熱ガラス
などの鍋（または土鍋、土瓶）

◎成分と反応して変性する可能性があるので、アルミ製の鍋は避ける。

よもぎ茶の効能

からだを温め、新陳代謝や血行をよくする作用があります。乾燥葉を急須に入れ緑茶のように飲んでもいいです。煎じると味や香りがより強くなり、効能が引き出せます。

〈煮出し方〉

1　鍋によもぎと水を入れ、5〜10分弱火にかける。60℃以上になると成分が変化しやすいので、沸騰前の小さな泡が出るくらいの状態に保つ（写真a）。

2　葉をこしてポットに入れる（写真b）。

a

b

〈飲み方〉

湯のみに黒砂糖を入れる。たっぷり入れたほうが飲みやすい。湯のみに煮出したお茶を注ぎ、黒砂糖を溶かして飲む。冷めると飲みにくいので、温かいうちに飲む。1日2杯程度にする。

よもぎの薬酒

瓶を開けると広がる甘い香り。
からだが芯から温まります。

〈材料〉1ℓ瓶1本分
よもぎ乾燥葉…70〜80g
ホワイトリカー…900㎖

〈道具〉
2ℓの広口ガラス瓶1本

〈つくり方〉
1 煮沸消毒した瓶に、3分
  の1くらいまでよもぎ乾
  燥葉を入れる（写真a）。
2 葉がすべて浸るまでホワ
  イトリカーを注ぐ。瓶の
  蓋をきっちり閉めて、約
  2カ月冷暗所に置く。
3 液が琥珀色になったら、
  瓶の中身をザルにあけて
  葉を取り除く。液は注ぎ
  やすい瓶に入れて冷暗所
  で保存する。

〈飲み方〉
おちょこに注ぎ、食前や就寝
前に1〜2杯飲む。

よもぎ酒の効能
虚弱体質や胃弱の人の体質改善に効
果があるといわれています。香りや
抗炎症作用をもつ成分は、水よりア
ルコールのほうがよく溶けます。

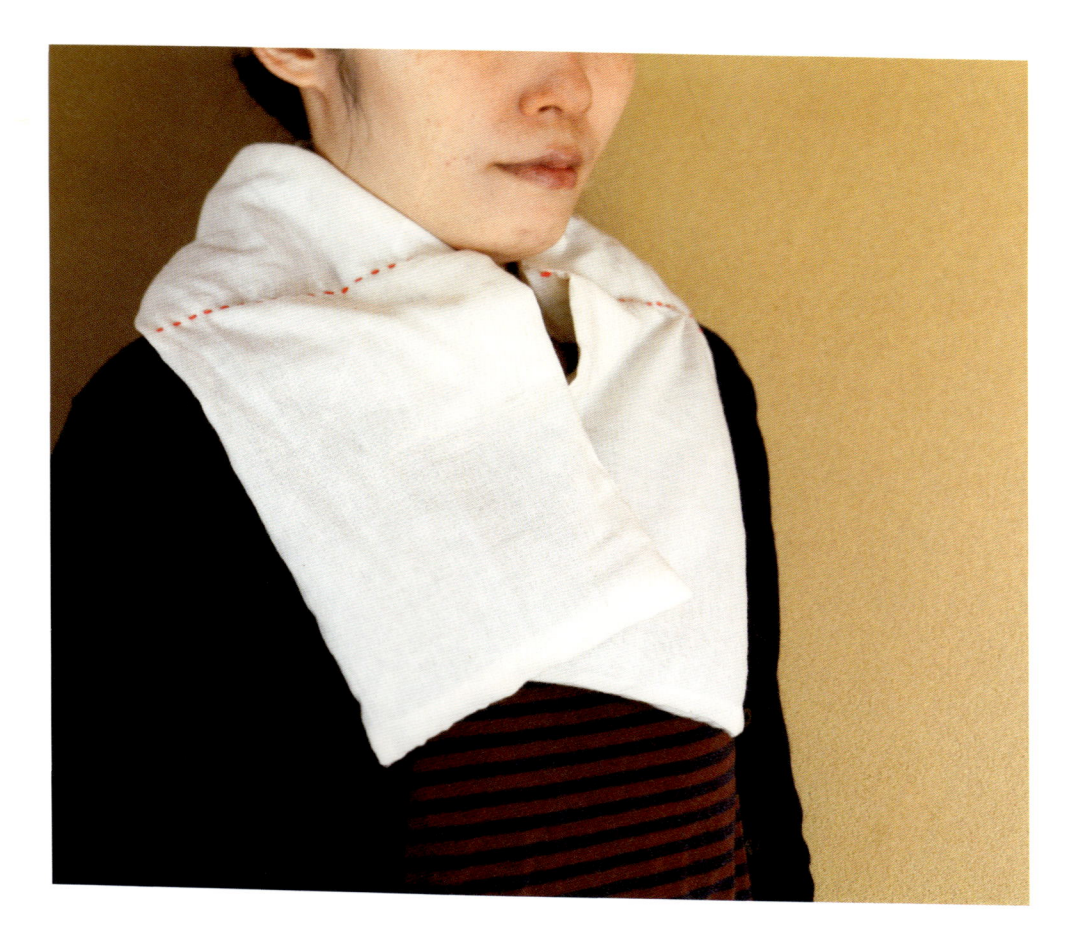

よもぎマフラー

当てたところが不思議とぽかぽかになり、
やさしい香りで気持ちが落ち着きます。

〈材料〉
よもぎ乾燥葉…約400g

〈道具〉
さらし布、手ぬぐいなど
　（90×30㎝）1枚

よもぎマフラーの効能
よもぎの香りには、血液循環
や新陳代謝を高め、睡眠を促
す作用のある精油成分が含ま
れています。

〈つくり方〉
1　さらし布は縦に細長く折り、側面と底を
　　縫って袋状にする（写真a）。
2　よもぎはフライパンなどでから炒りし、
　　十分乾燥させる。しっかり冷まして1の
　　さらし布袋に詰める（写真b）。
3　葉が片寄らないようにまんべんなくなら
　　し、3カ所を縦に縫いとめる（写真c、d）。

〈使い方〉
肩やお腹にのせたり、腰に敷いて寝ると、当
てたところが温められる。へたってきたら糸
をほどき中身を入れ替える。

よもぎの効能

　まず特徴的なのが、独特な香りです。香りの主成分は、シネオール、アルファーツヨン、セスキテルペンなどです。とくにシネオールには、血行を促進して体を温める作用があるほか、交感神経を抑え、副交感神経を強めて脳の神経を沈静化するため、リラックス効果があり睡眠を促すとされています。

　また、よもぎの深く濃い緑色の葉には豊富なクロロフィルが含まれています。クロロフィルは体内からコレステロールなどを排出する働きがあるため、血中コレステロール値を下げる作用があることが知られています。

　鉄分やカルシウムなど、不足しがちなミネラルもほかの野菜に比べて豊富に含まれています。粉末にすると成分がより凝縮されるので、p15のように、いろいろな料理にふりかけて食べるのもおすすめです。

　『増補版　図解 よもぎ健康法』などの著書がある大城築（おおぎきずく）さんは、よもぎの成分は何か一つだけが大切なのではないといいます。よもぎを丸ごと食べたりお茶にしたり、アルコールに漬けてエキスを抽出したりすることで、すべての成分が相乗的に作用するのではないかと考えています。

もぐさのお灸

もぐさは夏によく育ったよもぎの、葉裏の白い毛を集めたものです。
じんわりとした温かさが気持ちよく、香りでリラックスできます。

〈**材料**〉 15〜20回分
よもぎ乾燥葉…10g

〈**道具**〉
電動ミル（またはすり鉢とすりこぎ）、
ふるい、線香（もぐさに火をつける
ため）

〈**つくり方**〉

1 葉だけをとり、15〜20秒ミルに
かける。緑色のよもぎ粉と白い
ふわふわのもぐさとに分かれる。

2 ふるいで粉を落とし（写真a）、
再度ミルにかける。ふるっても
粉が落ちなくなれば完成（写真
b）。

◎粉（よもぎ粉）は料理に使える。
◎すり鉢を使う場合は、こすりつけるようにして葉
の形がなくなるまですり、ふるいにかける。

〈**使い方**〉
厚さ5㎜にスライスしたしょうがに、
指先ほどの大きさに丸めたもぐさ
をのせ、線香で火をつける（写真c）。
煙が出るのは最初だけで、1分ほど
でじんわり温かくなり、約5分間持
続する。置く場所は親指の付け根の
ツボ「合谷」がおすすめ。肩こりの解
消やリラックス効果がある。

◎ライターで点火すると燃え上がりやすいので、
線香を使う。

見分け方と摘み方、よもぎの種類

いつ摘む？

　3〜5月（寒冷地では4〜6月）は地際から生えた新芽を摘みます。新芽はやわらかくアクも少ないため、生葉も料理に使えます。

　6月以降、だんだん気温が高くなってくると、茎をのばし、葉は大きくかたくなります。この時期は加熱しても繊維が残って食べづらいので、摘むのは先端の小さな芽だけにしましょう。

　乾燥させてお茶や酒にしたり（p18、19）、香りを楽しむ雑貨をつくったり（p20）するには、かたくなった夏の葉も使えます。

どこで摘む？

　スギナやクローバーが生えるような日当たりのよい草地に生えます。道路脇などは、犬や猫が用を足していたり、除草剤がかけられたりしている場合があるので避けましょう。

　よもぎは移植しても育ちます。根ごと掘り上げ、庭や畑に植えると、毎年安心して摘めるのでおすすめです。植えたよもぎが根付かない場合は、日当たりや水はけが悪いことが原因のようです。鉢やプランターに野菜用培養土を入れ、日当たりのよい場所に置いて育ててみてください。

どうやって見分ける？

　よもぎの特徴は、まずは香りです。ちぎったりこすったりすると、特有の香りがします。葉の形はほかのキク科の草と似ていますが、葉裏が白くやわらかい繊毛で覆われているのがよもぎです。生え始めの時期には、小さな葉全体を白い繊毛が覆っています。

　比較的見分けやすい草ですが、初めての人は経験者に教わると安心です。

春先の姿

新芽が出たばかりの春先は、根元から爪を立ててプチッと摘む

春〜夏の姿

成長したら小さい芽の集まった先端をつまみ、自然に折れるところで摘む

ふわふわした手触りで、白い繊毛が生えている

よもぎの種類

　よもぎは日本全国どこにでも生えている草で、日本では30種類以上、世界には300種以上の品種があるといわれています。本書のレシピでは、本州から九州、沖縄、小笠原に分布するカズザキヨモギを使いました。一般的に「よもぎ」というとこのカズザキヨモギのことを指します。

　沖縄ではふーちばーと呼ばれ、生葉を沖縄そばの薬味にしたり、じゅーしー（炊き込みご飯。p16参照）の具にしたりとよもぎが料理によく使われます。それらはニシヨモギという種類で、葉が成長してもやわらかく苦みが少ないのが特徴です。沖縄にはほかにも、「ハママーチ」（リュウキュウヨモギ）と呼ばれる品種が自生し、乾燥させてお茶にするなど活用されています。北海道など寒い地域でよく見られるオオヨモギは、葉が大きく、香りはあまり強くありません。アイヌ語では「ノヤ」と呼ばれ、薬にしたり、魔除けとして儀式にも用いられたようです。

カズザキヨモギ
分布：本州〜九州、小笠原

日当たりのよい草地や道端、土手などに生える。葉は春菊に似た形で、成長すると背丈は50cm〜1mになる。成長した葉の裏は、白くやわらかな繊毛が覆う。新芽をもちの材料にする。

ニシヨモギ
分布：本州（関東以西）、沖縄

日当たりのよい草地や道端、土手などに生える。畑で栽培もされる。カズザキヨモギよりも葉は大きめでやわらかく、苦みが少ない。新芽以外も日常の料理に使われる。

ハママーチ（リュウキュウヨモギ）
分布：鹿児島県、沖縄県

日当たりのよい海岸の砂浜や岩場に多く生える。茎は地面をはうようにのび、茎の先端が立ち上がる。葉は細く、ニシヨモギとは形が全然違う。薬効が高く煎じて飲用する。

オオヨモギ（ヤマヨモギ）
分布：本州（近畿以北）、北海道

日当たりのよい山地や丘陵地の草地に生える。葉の形、香りはカズザキヨモギによく似ているが、背丈は2mを超すこともあり、1枚の葉も大きい。新芽をもちの材料にする。

用途別下処理の方法

まず選別し、洗う

1 枯れた葉は落とし（写真左）、別の草やゴミなどはよける。
2 水を張ったボウルによもぎを浸し、やさしくもむように洗う（写真右）。水を替えて、ゴミや砂などが底に沈まなくなるまで洗う。

◎若葉や新芽なら、布巾などで水気をふいて、そのまま料理に使える。

ゆでてお菓子や料理に

● ゆでる・アクを抜く

1 鍋にたっぷりの湯を沸かし、塩を小さじ1加える。塩を加えると色がよくなる。菜箸で泳がせながら、ゆで汁が黄色くなり、葉裏が鮮やかな緑色に変わるまで2〜3分ゆでる（写真左）。
2 冷水にとり、全体が水に浸ったら（写真右）、手で軽くしぼる。生葉約50gが、ゆでると約20gになる。

◎アク抜きしたよもぎは加熱しすぎると風味が落ちるので、煮込む料理では仕上げの段階で加える。細かく刻んだほうが食べやすい。

● ペーストにする

1 ゆでたよもぎを包丁で細かくたたき、すり鉢に移す（写真左）。
2 適宜水を足しながらすり、なめらかにする（写真右）。フードプロセッサーやミキサーを使ってもよい。

◎包丁でたたいた状態でも、もちやだんごに使える。すり鉢やフードプロセッサーを使うとよりなめらかになり、口当たりがよくなる。
◎保存は、ゆでた葉は20〜30gずつ丸めて、ペーストはそのまま密閉袋に入れ、平らにならして冷凍する。自然解凍して使う。

粉にしてお菓子や料理に

●蒸して干す

1　蒸し器に蒸し布を敷き、洗ったよもぎをふわっと盛る（写真左）。
2　よもぎに火が通るまで5分ほど蒸す。火が通ると葉が湿り、白い葉裏が濃い緑色に変わる（写真右）。
3　ザルに広げ、軒下で干す。春なら4〜5日、夏は2日ほどでカラカラに乾く。生葉約50gが、蒸して干すと約10gになる。

◎蒸した葉はゆでるよりえぐみが強く残り、かたいので料理には向かない。

●粉にする

1　乾燥葉をはさみで細かく刻み、電動ミルにかける（写真左）。すり鉢ですってもよい。
2　茶こしでふるうとワタ状の繊維が残る（写真右）。繊維を再度ミルにかけ、粉が落ちなくなるまで繰り返しふるう。乾燥葉6〜7gが、よもぎ粉大さじ約1杯分になる。

◎クッキーやケーキなどに使える。
◎保存は瓶に入れて密閉する。

干して薬用のお茶やお酒に

●生葉を干す

葉をザルに並べる（写真左）か、数本ずつ輪ゴムで茎を束ねて逆さに吊るし、軒下に干す。春なら約2週間、夏は約1週間でカラカラに乾く（写真右）。生葉は乾燥に時間がかかるので梅雨明け後がおすすめ。

◎薬用のお茶や酒、入浴剤など、薬効を利用したいものに使う。
◎乾燥剤と一緒に蓋つき瓶または密閉袋に入れて冷暗所で保存する

粉にするなら、蒸す

　乾燥させてお茶や粉末にするには、蒸すほうがおすすめです。アクは抜けませんが、風味が強く残るからです。また、蒸した葉を干すと生葉よりずっと早く乾燥し、色も鮮やかに残ります。ただしやわらかくはならないので、蒸した葉は料理やお菓子には使いません。

たんぽぽの花と葉を食べる

春を呼ぶ黄色いたんぽぽの花を摘んで、

甘いおやつをつくりましょう。

元気な葉っぱはサラダにぴったり。

たんぽぽを食べるなんて、と驚くかもしれませんが、

日本では江戸時代にも食べていて、

ヨーロッパでは野菜として親しまれています。

花自体に甘みはありませんが、煮出したエキスはほんのり甘く、

後味にかすかに苦みを感じます。

成長した葉は苦みが強くかたいですが、

花芽がつく前のやわらかい新葉は生で食べられます。

写真＝小林キユウ　イラスト＝樋口たつ乃　スタイリング＝本郷由紀子
ワンピースデザイン・制作＝渡辺ゆき (p29)

フランスの一部の地域ではクラマイヨットと呼ばれ、ヨーロッパ各地で昔からつくられています。蜂蜜の代わりに使ったり、風邪のときにお茶に入れて飲んだりするようです。たんぽぽの代わりにシロツメクサやアカツメクサを使うと、風味の違う蜜ができます。

たんぽぽ蜜

蜂蜜のようにとろっと甘い
花のエキスを砂糖と煮詰めたシロップです。

〈材料〉80㎖分
たんぽぽの花…40～50個
水…1と1/2カップ
レモン*…1/4個（薄切り）
グラニュー糖…100g

*ワックスや防腐剤を使っていないもの。

〈つくり方〉

1 たんぽぽの花は洗って、キッチンペーパーなどで押さえて水気をふく。

2 鍋にたんぽぽとレモンを入れて分量の水を加え、弱火で15～20分、汁が黄色っぽくなるまで煮る（写真a）。

3 冷めたらさらし布でこし（写真b）、こした液を鍋に入れてグラニュー糖を加え、弱火で30～40分煮る（写真c）。こして残ったたんぽぽにも風味が残っているので、ケーキやパンなどに練り込んで使える。

4 3の液からふわふわした泡がゆっくり出るようになったら（写真d）、火を止める。瓶に入れて保存する。

◎常温で1年以上保存できる。
◎クリームチーズと一緒にパンに塗るほか、お湯で割って飲んでもおいしい。花びらを上から散らしてもいい。
◎花は摘んだままおいておくと綿毛になるので、摘んだ日につくらない場合は、洗ってから、冷凍しておく。

たんぽぽケーキ

野草の風味を感じるスポンジにさわやかな酸味のクリームと
たんぽぽ蜜をたっぷりかけていただきます。

〈**材料**〉 直径12㎝のケーキ型1個分
卵…2個
砂糖…60g
植物油…60g
たんぽぽ蜜のしぼりかす（p31参照）
　　（レモンは取り除く）…30g
薄力粉…140g
ベーキングパウダー…小さじ1/2
A ┌ 水切りヨーグルト…100g
　│ （200gを一晩水切りする）
　│ クリームチーズ…100g（室温に戻す）
　└ グラニュー糖…10g
たんぽぽ蜜（p31参照）…適量
【飾り】
たんぽぽの花びら…適量
タイムの生葉…適量

〈**つくり方**〉

1　ボウルに卵を割り入れ、砂糖を加えて泡立て器で混ぜる。

2　1に植物油を加えてよく混ぜ、たんぽぽ蜜のしぼりかすをくずしながら加えてさらに混ぜる。

3　2に薄力粉とベーキングパウダーを合わせてふるい入れ、へらで底から返すように混ぜる。

4　内側に油（分量外）を塗った型に生地を流し入れ、180℃に熱したオーブンで30〜40分焼く。粗熱がとれたら型から外し、上下2枚に切り分ける。

5　Aを合わせ、なめらかになるまで混ぜる。1枚目のスポンジの断面に塗り、2枚目を重ねて全体に塗る。仕上げにたんぽぽの花びらとタイムの葉を飾り、食べるときにたんぽぽ蜜をかける。

◎スポンジは甘さ控えめで、野草っぽい風味がある。酸味のあるクリームだけでもおいしいが、甘いたんぽぽ蜜をかけて食べるとさらにおいしくなる。

春のクリームソーダ

野原の花でつくったシロップを、しゅわしゅわソーダで味わいます。

〈**材料**〉1人分
レモン汁…小さじ1
花の蜜（シロップ）＊…大さじ1
炭酸水…1カップ
氷…適量
バニラアイスクリーム
　…ディッシャー1杯

〈**つくり方**〉

1　レモン汁と花の蜜をグラスに入れてよく混ぜたら、氷を入れ、炭酸水を注ぐ。

2　アイスクリームを1に浮かべる。

◎写真は左がたんぽぽ蜜、右がラベンダー蜜のソーダ。とろっとした蜜は写真のようにグラスの下に沈殿するので、スプーンで混ぜながらいただく。

＊たんぽぽ蜜と同じように、花を煮出した液に砂糖を加えて煮詰めれば、シロップができる。食用にできる草や、ハーブティーや野草茶にする草の花を使う。ラベンダーは味は薄いが甘い香りで、レモンと反応して液の色が紫色になる。アカツメクサやシロツメクサの花は、蜜にすると野生的な香りとコクがありおいしい。

左はラベンダー、右はアカツメクサの蜜

たんぽぽコーヒー

香ばしくてほんのり甘く、かすかに土の香りを感じます。

〈**材料**〉15〜16杯分
たんぽぽの根*…120g（乾燥30g）

＊根は太く深いところまで伸びているので、スコップで少しずつ掘りながらとる。途中で切れてもよい。タワシでよくこすりながら水で洗い、泥を落とす。

掘り出した根っこを乾燥させてローストします。戦時中はコーヒーの代用品でした。現在もノンカフェインのコーヒーとして市販されています。

〈**つくり方**〉
1　たんぽぽの根は約1週間日なたで干す（写真a）。ハサミや包丁で細かく切り、オーブンシートを敷いた天板にのせ、100℃に熱したオーブンに入れて全体が茶色くなるまで約1時間焼く（写真b）。
2　1を電動ミルにかけるか、すり鉢ですり、粉々になるよう細かく砕く（写真c）。
3　コーヒーフィルターで抽出するか、水から煮出して茶こしでこして飲む。小さじ1杯でカップ1杯分になる。

a

b

c

たんぽぽクッキー

黄色い花びらを練り込んだ
バターたっぷりサクサクのクッキーです。

〈**材料**〉 15〜18枚分
無塩バター…100g（常温に戻す）
砂糖…45g
塩…小さじ1/3
薄力粉…150g
たんぽぽの花びら…10〜20個分
ローズマリー
　　（ドライ、または生葉のみじん
　　切り）…大さじ1/2

〈**つくり方**〉

1　バターを泡立て器でクリーム状になるまで練る。砂糖、塩を加えて混ぜ、なめらかになったら花びら、ローズマリーを入れて全体になじむまで混ぜる。

2　薄力粉をふるい入れ、切るように混ぜる。全体がそぼろ状になり、粉っぽさがなくなったら、生地をひとまとまりにする。

3　ポリ袋に2の生地を入れ、手で平らに整えたら、冷蔵庫で30分休ませる。

4　冷蔵庫から出した生地を5mmほどの厚さにのばし、型抜きする。

5　型抜きした生地をオーブンシートを敷いた天板に並べ、170℃に熱したオーブンで20分焼く。

◎生地をのばすときは、ポリ袋に入れたまま、またはオーブンシートにはさむと、生地がくっつかずのばしやすい。

たんぽぽサラダ

やわらかい若葉はサラダ向き。
苦みがさわやかなアクセントになります。

たんぽぽの
オイル蒸し

苦みがオイルでマイルドになり
肉料理などのつけあわせにもいいです。

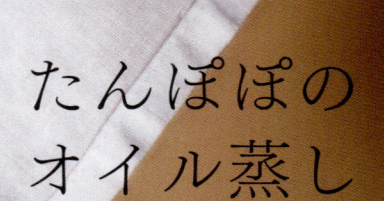

たんぽぽカツサンド

薄切り肉に重ねた葉の苦みがアクセント。
カツだけどさっぱり食べられます。

たんぽぽペースト
マッシュルーム添え

ジェノベーゼのたんぽぽバージョン。
苦みとコクがクセになります。

たんぽぽサラダ

〈**材料**〉2人分
たんぽぽの葉…20g（10cmほどの若い葉）
ベビーリーフ…10g
ベーコン…10g（細切り）
ゆで卵…1個（4つに切る）
A
レモン汁…大さじ1
粒マスタード…小さじ1
塩…ひとつまみ
オリーブオイル…大さじ2

〈**つくり方**〉
1 たんぽぽの葉とベビーリーフはよく洗い、キッチンペーパーなどで水気をふく。ベーコンは油をひかずにフライパンでよく焼く。
2 Aを混ぜ合わせ、1を加えて和える。ゆで卵と一緒に皿に盛る。

たんぽぽのオイル蒸し

〈**材料**〉2人分
たんぽぽの葉…100g
オリーブオイル…大さじ3
にんにく…1かけ（薄切り）
塩…小さじ1

〈**つくり方**〉
1 鍋にオイルとにんにくを入れる。たんぽぽの葉はよく洗い、水気はふかずに鍋に加えて蓋をし、弱火にかける。
2 パチパチと音がしたら蓋を開けて葉をぐるっと混ぜる。塩を加え、蓋をして葉がくたくたになるまで5分ほど蒸し焼きにする。

たんぽぽを食べる国

　ヨーロッパ、とくにフランスでは、たんぽぽは野菜売り場に並ぶほど一般的です。若い葉と炒めたベーコンを和えたサラダは春の定番。光を遮り、軟白栽培して苦みをやわらげたものはピサンリと呼ばれ、ほろ苦い春の味として親しまれています。

　日本でも、たんぽぽは古くから食用にされてきました。江戸時代の農書『農業全書』には、春菊やシソなどと並んでたんぽぽが紹介されており、「たんぽぽの花は黄色と白色の2色があり、菊に似てかわいらしい」とあります。また、葉をゆで、おひたしや和え物、汁物にするとよく、便秘を治す効果もあるから、畑の周りに植えておくとよい、と書かれています。

イタリアではタラッサコと呼ばれ、葉をくたくたにゆでて食べる

たんぽぽカツサンド

〈**材料**〉食パン2枚分
豚ロース薄切り肉…8枚
たんぽぽの葉…15〜20枚
小麦粉…大さじ3
水…大さじ1と1/2
卵…1個
パン粉…適量
塩、こしょう…適量
食パン…2枚
A「ソース…大さじ3
 └粒マスタード…大さじ1
揚げ油…適量

〈**つくり方**〉

1 ボウルに小麦粉と分量の水を混ぜ、卵を割り入れて泡立て器でダマが残らないように混ぜる。

2 豚ロース肉を広げ、たんぽぽの葉を2〜3枚ずつはさみながら4枚重ねる。外側に塩こしょうをし、1にくぐらせたらパン粉をつける。残りの4枚も同じようにする。

3 フライパンに油を2cmほどの深さまで入れて熱し、2を揚げる。しっかり油を切って冷ます。

4 Aを混ぜて食パンの片面に塗り、その上にカツを2枚並べる。もう1枚の食パンにもAを塗り、カツの上に重ねる。

5 ラップできっちり包み、軽く重しをして10分ほどおいてから切る。

◎たんぽぽの葉は、大きく育ったもののほうが、苦みが強く風味がよく残る。肉より葉が大きいときは、適宜葉を切る。

たんぽぽペースト マッシュルーム添え

〈**材料**〉つくりやすい分量
たんぽぽの葉…100g
オリーブオイル…100g
くるみ(ロースト)…50g
パルメザンチーズ…大さじ1
にんにく…2かけ
塩…小さじ1/2
マッシュルーム…適量

〈**つくり方**〉

くるみをフードプロセッサーで撹拌し、粗いみじん切りの状態にする。マッシュルーム以外の材料を加えてさらに撹拌。ペースト状にする。グリルで焼いたマッシュルームにつけて食べる。

◎ペーストはパスタと和えたり、野菜につけたり、サラダに混ぜたりといろいろ楽しめる。

もっといろいろ
草と花のおやつ

よもぎ、たんぽぽ以外にも、食べられる草と花はいろいろあります。

赤いホトケノザ、白いハルジオン、黄色い菜の花。

ピンク色の桜の花は、塩漬けなどにして昔から利用されてきました。

春先の若いスギナの葉を乾かして粉にすると、きれいな緑色です。

やわらかな草、色とりどりの花。

野山や庭先で見つけた春が

とっておきのおやつの素材です。

写真＝小林キュウ（p43〜51）、編集部（p52〜53）　イラスト＝いしわためぐみ
スタイリング＝本郷由紀子

野原のクッキー

小さな花と若い草の芽でつくる
押し花みたいなクッキーです。

〈**材料**〉20枚分
無塩バター…50g
砂糖*…40g
塩…少々
溶き卵…大さじ1
薄力粉…120g
草や花、ハーブ…適量

*好みの砂糖でつくれるが、粉砂糖を使うと
表面がなめらかに仕上がる。

ハルジオン、菜の花、ホトケ
ノザなどの春の花やカラスノ
エンドウの芽などの若い草を
使います。花も草も、小さく
薄いものがおすすめ。生地に
ぴったりつけて焼くと焦げず
に色も残ります。ディルやミ
ントなどのハーブもきれいに
緑色が残ります。

〈**つくり方**〉

1 室温に戻したバターをゴムべらでクリーム状になるまで練る。砂糖を加えて混ぜ、なめらかになったら塩と卵を入れて全体になじむまで混ぜる。

2 ふるった薄力粉を加え、切るように混ぜる。そぼろ状になり、粉っぽさがなくなって生地全体にバターがまわったら、生地をひとまとまりにする。

3 ポリ袋に2の生地を入れ、手で平らに整えたら、冷蔵庫で30分休ませる。

4 冷蔵庫から出した生地を3〜4mmの厚さにのばし、型抜きする。

5 型抜きした生地をオーブンシートを敷いた天板に並べ、草や花、ハーブを生地の上におく。浮かないように手でぴったりとくっつける。

6 170℃に熱したオーブンで15分焼く。

◎草や花、ハーブは薄くて小さいものが生地にぴったりくっつきやすい。

クッキーにのっている草と花の名前

ナズナ（実）　ハルジオン
ローズマリー（花）　カラスノエンドウ
ホトケノザ　ハマダイコン
ハマダイコン　ディル
たんぽぽ　ミント
ムラサキカタバミ　菜の花
ディル　ホトケノザ　ハルジオン

ミルクゼリー 　　　　 桜寒天

桜の梅酢漬けを使ったデザ
ートです。桜の鮮やかなピ
ンク色と塩気が、真っ白で
甘いミルクゼリーにのせる
と際立ちます。漬けるとき
バラバラになってしまった
花びらも、寒天で固めると
きれいです。

ミルクゼリー

甘いミルクゼリーに桜のしょっぱさが合います。

〈**材料**〉150 ㎖の容器3個分
牛乳…2カップ
砂糖…40g
┌ 粉ゼラチン…5g
└ 水…60 ㎖
桜の花の梅酢漬け
　…容器に1〜2房
　（さっと洗い、水気をふく）

〈**つくり方**〉

1　分量の水を容器に入れ、ゼラチンをふり入れてふやかす。

2　小鍋に牛乳と砂糖を入れて火にかけ、沸騰させないように木べらで混ぜる。砂糖が溶けたら火からおろし、1を加え混ぜる。

3　鍋底に氷を当てて粗熱をとる。容器に注いで冷蔵庫で冷やし固め、桜の花をのせる。

桜寒天

ふわっと開いた花がほんのり甘く香ります。

〈**材料**〉150 ㎖の容器4個分
棒寒天…1本（粉寒天…約4g）
水…3カップ
砂糖…1カップ（130g）
りんごジュース（ストレート）*…大さじ1
桜の花の梅酢漬け…容器に1〜2房
　（さっと洗い、水気をふく）

＊透明タイプだとクリアに仕上がる。梅シロップや梅酒、レモン果汁でもよい。

〈**つくり方**〉

1　寒天はたっぷりの水（分量外）で10〜30分ふやかし、水気をしぼる。

2　鍋に分量の水と1の寒天をちぎって入れ、木べらで混ぜながら火にかける。寒天が完全に溶けたらザルなどでこす。

3　鍋に2と砂糖とりんごジュースを入れ、木べらで混ぜながら火にかける。

4　砂糖が溶けたら容器に流し入れる。少し固まったら、桜の花を入れて箸で寒天の中を泳がせるようにして花びらを開かせ、静かに箸を抜く。粗熱がとれたら冷蔵庫で冷やし固める。

桜の花の梅酢漬け

〈**材料**〉
桜の花*（七分咲きのもの。花柄ごと
　摘む）…適量
白梅酢…適量

＊桜の品種は何でもよいが、ボリュームのある八重桜がおすすめ。

〈**つくり方**〉

1　桜の花は水洗いし、ザルにとって水気を切る。

2　口の広い瓶に1の花を入れて、ひたひたに白梅酢を注ぐ。4〜5日おいたらできあがり。冷蔵で1年、冷凍で3〜4年は保存可能。保存の際は水気を切って半日干し、軽く乾かして密閉容器に入れる。

◎すし飯に混ぜたり、桜もち、まんじゅう、クッキー、あんパンなどのトッピングに使う。

かるかん

芋のむっちりした食感がくせになります。
桜の花が味と色のアクセントです。

〈**材料**〉14.5 cm × 11 cm ×
4.5 cmの流し缶1個分
山芋…100g
砂糖…100g
上新粉…100g
水…1/3カップ
桜の花の梅酢漬け
　…6個（さっと洗い、
　水気をふく）

〈つくり方〉

1　山芋は皮をむいてすり鉢で
すりおろす。すりこぎで芋
の形が残らないようつぶし
ながらさらにすり混ぜる。

2　砂糖を3〜4回に分けて加え、
すりこぎで混ぜる。

3　水を少しずつ加えては混ぜ、
上新粉を少しずつ加えては
混ぜる。

4　すべて入れたら空気を含ま

せるようしっかり混ぜる。
生地がすりこぎで持ち上げ
られるくらいになればよい。

5　オーブンシートを敷いた流
し缶に流し入れ、桜の花を
のせる。

6　蒸気の上がった蒸し器に入
れ、強火で20〜25分蒸す。
型から外し、冷めたら切り
分ける。

スギナの蒸しパン

蒸すと鮮やかな若草色になります。
緑茶に似たほろ苦い味の蒸しパンです。

〈**材料**〉直径5cmのグラシンカップ6個分
薄力粉…150g
ベーキングパウダー…小さじ1と1/2（6g）
スギナ粉末*…大さじ1
砂糖…大さじ3
塩…ひとつまみ
水…80mℓ
植物油…大さじ1と1/2
ゆで小豆…40g

＊春先の若いスギナを摘み、よく洗ってから2〜3日パリ
パリに乾くまで陰干しする。電動ミルか、すり鉢で粉状に
し、茶こしでこす。40〜50株で、30〜40gの粉末ができる。

〈**つくり方**〉

1 薄力粉、ベーキングパウダー、スギナ粉、
砂糖、塩を合わせてボウルにふるい入れる。

2 1に分量の水と油、小豆を表面に飾る分を
残して加え、へらで練らないようにさっく
り混ぜる。

3 カップの七〜八分目まで生地を流し、残し
ておいた小豆を飾る。

4 蒸気の上がった蒸し器に入れ、強火で12〜
15分蒸す。竹串で刺して、生地がついてこ
なければできあがり。取り出して冷ます。

スギナは夏も生えてい
ますが、生えはじめの
春が一番色鮮やかです。
粉末にすると鮮やかな
色を保ったまま保存で
きます。スギナの粉は
お茶にして飲めるほか、
ケーキやクッキーなど
お菓子づくりにも使え
ます。

バラシロップ

甘いバラの香りをそのまま閉じ込めました。
お菓子づくりにもどうぞ。

〈材料〉
バラの花びら*…2カップ（約50g）
レモン汁…1/2個分（20㎖）
砂糖…200g
水…1カップ

*薬剤のかかっていないバラを使う。バラは開きき
らない五分咲きの時期がもっとも香りが強いとい
われるが、開ききったバラや、落ちてすぐの傷みの
少ない花びらも使える。濃い色のバラほどシロッ
プの色が濃くなる。

〈つくり方〉
1 バラの花びらをよく洗い、水気をふ
　いて耐熱の蓋つき瓶などに入れる。
2 分量の水と砂糖を鍋に入れて火にか
　け、砂糖が溶けたら火を止めて1に
　注ぎ、レモン汁を加える。
3 冷蔵庫で2〜3日おき、濃いピンク
　色になったらザルなどで花びらをこ
　す。煮沸消毒した瓶などで保存する。

◎水やソーダ、お酒で好みの濃さに割って飲む。ヨーグ
ルトにかけたり、ケーキやゼリーなどお菓子づくりにも
使える。
◎冷蔵庫で約2週間保存できる。発酵が始まると酸っぱ
くなるので、その前に使いきる。

バラサワー

春の終わりのちょっと暑い日に飲みたい
さっぱりとした甘さのジュースです。

〈材料〉
バラの花びら…2カップ（約50g）
酢…2カップ
氷砂糖*…200g

*グラニュー糖や上白糖でもいいが、氷砂糖を
使うとゆっくりとバラの成分が抽出され、香り
や色がよく出る。

〈つくり方〉
バラの花びらをよく洗い、水気をふい
て煮沸消毒したガラス瓶に入れて酢を
注ぎ、砂糖を入れる。

◎2〜3週間で、砂糖が溶けきったら飲める。冷蔵庫
で半年保存できる。
◎水やソーダで好みの濃さに割って飲む。

バラシロップ

バラサワー

イランやトルコなどの中東ではバラを食用
にしており、飲みもののほか、お菓子や料
理にも使われます。バラは虫がつきやすく、
薬剤をかけて育てることが多いので、庭な
どで育てた無農薬のバラを使いましょう。

食べられる草と花のはなし

定番のよもぎ、新星スギナ

　おやつに使う春の草といえば、なんといってもよもぎです。本書でもp4から紹介しています。でもじつは、草だんごや草もちにはもともと、「ハハコグサ」という草が使われていました。江戸時代後期に書かれた研究書『本草綱目啓蒙』には、ハハコグサは草だんごに使う草だが、最近では緑色の濃さを求めてよもぎを使うようになった、とあります。

　ハハコグサはやわらかくアクが少ないので、下処理はよもぎよりずっと簡単です。でもハハコグサのだんごは、ほんのり緑色になるくらいで、風味もほとんどありません。草だんごや草もちによもぎを使うようになったのは、よもぎの色や香りが、手間をかけても惜しくないほど魅力的だったからかもしれません。

　香りはよもぎに劣りますが、色のよさでいえばスギナも負けていません。春先の若いスギナは濃い緑色で、粉末にすると見た目は抹茶と間違えるほど。最近ではケーキやもちの色づけに使う人もいるようです。

どんな花が食べられる？

　食べられる花といえば、エディブルフラワーが知られています。花を食用にするための専用の品種はなく、パンジーやバラ、ナデシコなどの観賞用の花を、食用にするために農薬を極力使わないなどの工夫をして栽培したものです。

　エディブルフラワーとして栽培される花は、えぐみや苦みが少ない、見た目がきれい、などの理由のほかに、管理がラク、一鉢から多くの花を長く収穫できるなど生産上の理由から選ばれるようです。つまり、毒がなければどんな花もエディブルフラワーになり得るのです。

　野の花はどうでしょうか。「全草が有毒」なんていうものはもちろん食べられませんが、葉っぱをおいしく食べられる草の花ならやはりどんな花も食用にできます。栽培種と違い、花は小さく色も淡いものがほとんどですが、よく見ると花びらに模様があったりおもしろい形をしていたりと個性的です。

左／黄色い花を咲かせたハハコグサ。別名は「御形（ごぎょう）」で、春の七草の一つ　右／白い繊毛に覆われたハハコグサの葉。やわらかくアクが少ない

野原のクッキー(p44)などに使った野の花と草

菜の花

アブラナ科　花期：2〜5月
河原や空き地などに群生する。ナタネやカラシナなどの花の総称で、つぼみや花茎を食べる。花に辛みがあるものもある。

ハマダイコン

アブラナ科　花期：4〜6月
海岸の砂地や河原に群生する。花は少し辛みがある。花の色は濃い紫色から真っ白までさまざま。クッキーには、濃い色のほうが焼いたあと色が残りやすい。

ハルジオン

キク科　花期：4〜7月
田んぼや畑、あぜ道などに生える。よく似たヒメジョオンも同様に食べられる。茎や葉はアク抜きして食べる。クッキーには花首を摘んで使う。

ホトケノザ

シソ科　花期：3〜6月
田んぼや畑、あぜ道などに生える。花のつけ根に蜜腺があり、甘みがある。花をキュッと引き抜いて摘んで使う。茎や葉は食べない。

スギナ

トクサ科　出芽期：3〜8月
土手や畑地、湿地にもまれに生える。丈が15cmほどの若い時期に摘むと、きれいな緑色が残る。ツクシは繁殖のための胞子茎で、ツクシが枯れたあとにスギナ（栄養茎）が芽を出す。

カラスノエンドウ

マメ科　花期：4〜6月
畑やあぜ道、土手などに生える。葉はおひたしにして食べられる。小さな房をつけ、豆もできる。クッキーには、花だけでなく新芽も使える。

初夏は
どくだみ仕事

道端や庭の隅で、力強く茂るどくだみ。
日本ではお茶にしたり手当てに使ったり、
昔から暮らしに利用されてきました。
アジアでは食材にする地域もあります。
毎年見かけるけれど、摘んだことはない、という人も、
花が咲くのを毎年心待ちにしている人も、
一緒にどくだみ仕事を始めましょう。

写真＝黒澤義教（p55、p59ドクダミ、60〜65）、編集部（p59花、干す）
イラスト＝堀道広

聞いてみました
わたしのどくだみ活用法

米にコクゾウムシが
つかなくなる

　根こそぎとったどくだみを日陰に干して、倉庫の米袋の上にばらまき、その上に米袋を重ねておくと、においを嫌うのかコクゾウムシが来なくなります。もともとお茶にして飲んでいたどくだみを、たまたま米袋の上に放置したのがきっかけで気づきました。それから10年以上、毎年続けていますが、ムシはまったく出ていません。すごい効果です。

（長野県　小林鉄男さん）

もうどくだみ化粧水以外は
使えない！

　どくだみの葉を焼酎に3カ月ほど漬けてチンキをつくり、グリセリンを混ぜて化粧水にしています。使い心地も、肌の調子もよく、ここ何年かは市販の化粧水は使っていません。チンキで軟膏をつくっていぼに塗ったら、1週間でとれました。どくだみ様様です。現在は地元の加工グループで、どくだみなどの野草でブレンド茶をつくって販売しています。

（山口県　若月靖子さん）

蚊に刺されたら汁を
塗り、葉を食べる

　薬草の使い方は、母に習いました。どくだみは全草を乾燥して焼酎漬けにして、化粧水や虫刺されの薬に使います。外で薬が手元にないときに蚊に刺されたら、その場に生えているどくだみを2、3枚ちぎり、断面から出た汁を塗るとかゆみがひくんですよ。残った葉もそのまま食べてしまいます。よくうちの庭で遊び回る孫たちにも、この方法を教えています。

（長野県　細井千重子さん）

葉を鼻にブスリ！
鼻詰まり解消

　子どもの頃から鼻炎持ちで、しょっちゅう鼻詰まりになりました。そんなときはいつも母が、勝手口に生えているどくだみをとってきてくれました。葉を半分に裂いて手でもみ、くるっと丸めて鼻の穴に差し込むと、サラサラした鼻水が出てきて一気に鼻詰まりが治るんです。大人になった今も、鼻が詰まると、家の向かいの公園で葉を摘んで、鼻に詰めています。

（東京都　馬場裕一さん）

鼻詰まりの解消から、米の虫除けまで。
生活のさまざまな場面で役立つ
どくだみを愛してやまないみなさんに、
おすすめの使い方を聞きました。

どくだみ風呂で
からだポカポカ

　お風呂に乾燥葉の煮出し汁や、乾燥葉を詰めた布袋を入れると、からだが芯から温まります。足湯に使うのもおすすめです。乾燥葉がなければ、生のどくだみを茎ごと束ねて浮かべるのも、手軽でいいですよ。葉を顔にやさしく当てると、スッとした香りに癒されます。お風呂上がりには生葉をもんで汁を出し、足の指につければ水虫にも効果的です。

（埼玉県　草木屋さん）

どくだみ茶で
ぜんそくが軽くなった

　どくだみ屋敷にすむ私は、毎年庭で摘みお茶をつくっています。根っこごと干して乾燥させてから、最後にフライパンでパリパリになるまでから炒りすると、干しただけの葉よりも風味がよくなるんです。これは、どくだみにくわしい台湾出身のお隣さんに教わりました。飲みやすく、毎朝1回飲み続けるうちに、ぜんそく体質だったのが治ってきました。葉は冷蔵保存します。

（静岡県　ぺきさん）

ニオイが消える？
どくだみ水

　家に手づくりの「どくだみ水」を常備しています。葉と花を洗い、ペットボトルいっぱいに詰めて満杯まで水を注いで蓋をし、日の当たる場所に3カ月おいて、嫌気発酵させます。キャップ1杯をコップ1杯の水で薄めて飲むと、体臭が消えるんです！　布巾を浸して冷蔵庫内を拭くのも、消臭効果があります。どくだみ水にもにおいがありますが、慣れれば気になりません。

（千葉県　尾形京子さん）

根っこの焼酎漬けで
かかとがツルツル

　毎年山菜とりのときにどくだみも山からとってきて、葉をお茶にしています。余った根っこは焼酎漬けに。3カ月ほどおいたものをかかとに塗ると、ツルツルになるんです。冬場は指先や、ほっぺたのカサカサにもつけていて、市販の軟膏より効く気がします。髪にもよく、お風呂でリンスをした後に、お湯で薄めた焼酎漬けに髪を浸けて洗い流すとサラサラになります。

（秋田県　佐々木いく子さん）

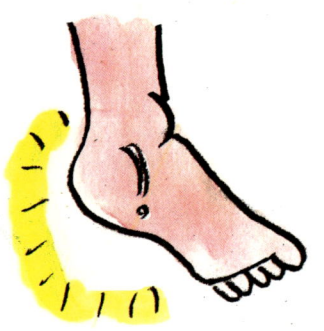

◎効果には個人差があり、すべての人に当てはまるわけではありません。

どくだみってどんな草？

協力＝古橋牧子

薬味のように食べる東南アジア

原産地ははっきりとはわかっていませんが、3〜4世紀に書かれた中国の古い薬学の研究書『名医別録』には、どくだみは「蕺（“シュウ”と読み“集まって生える”という意味がある）」と記され、食用にされていたことがわかっています。

アジアにおけるどくだみの利用や栽培について研究している京都大学の古橋牧子さんによると、ベトナムやラオスには、どくだみの葉を食べる地域があり、中国には根を食べる地域があるそうです。「葉は日本のシソのように薬味として食べられている印象で、ベトナム南部では、生春巻きに入れたり、調理した肉や魚に添えたりして食べます」。現地のどくだみはほぼ栽培されたもので、市場でふつうに売られているといいます。

アジア諸国で栽培されているどくだみは、日本のものより葉の厚みや色が薄く、においも弱いそうですが、科学的には同種とされているとのことです。

また、同じ国の中でも、ベトナム南部メコンデルタでは水田の転作として栽培され、さかんに食べられているが、北部では薬用の利用が目立つなど、地域差があるといいます。

日本では薬草として広がった

日本のどくだみは、時期は不明ですが、大陸から持ち込まれ、自生するようになったと考えられています。江戸時代の研究書『大和本草』には、どくだみの生薬名「十薬」は、馬に与えたら10種類の薬の効果があったためこの名がつけられた、とあります。また、駿州（静岡）や甲州（山梨）ではどくだみの根を掘って、ご飯にのせて蒸して食べることがあるが、日本人のほとんどは食べず、野菜とは思っていない*と書かれています。

アジア諸国と違い、日本では野菜のようにどくだみを食べるのは珍しく、「薬」として重用されてきたと考えられます。現在でも、「十薬」は漢方薬として、煎じて飲むと利尿作用や動脈硬化の予防、解熱や解毒などの効果があるとされています。

＊「駿州、甲州ノ山中ノ村民、ドクダミノ根ヲ掘リ、飯ノウエニ置キ蒸シテ食ス。味甘シト云ウ。本草ニモ柔滑菜類ニノセタリ。サレドモ本邦ノ人、アマネク食ワズ、菜トスベカラズ」（『大和本草巻之九　草之五』）

上／ベトナム南部、メコンデルタの市場で販売されるどくだみ
左／メコンデルタのどくだみ栽培。この地域では自生のどくだみは見当たらない（ともに写真提供＝古橋牧子）

どくだみ仕事を始めよう

摘み方

5月末から6月、梅雨入りの頃に花が咲き始めます。この時期は草全体の薬効がもっとも高くなるといわれ、薬効目的で利用する場合はこのときに摘むとよいでしょう。ただ、そのほかの時期でも薬効がないわけではなく、いつでも香りは強いので、お茶や蒸留水（p60）などは、花が咲き終わっても十分楽しめます。

茎は手でポキッと簡単に折れます。湿った地面では根こそぎ抜けるので、根を引き抜いて摘んでもかまいません。

洗い方

葉はさっと洗ってゴミなどを落とします。根はタワシなどでよくこすって洗います。花は花粉が落ちないよう、できるだけ洗わないほうがよいです。

干し方

すぐに使わないときや、お茶や入浴剤などに使いたいときは、乾燥させて保存すると便利。水洗いしたら小さな束にして輪ゴムでまとめ、風通しがよい場所に逆さに吊るして干します。乾燥に時間がかかると、カビが生えてしまうことがあるので、天気のよい日が続くのを確認して4〜5日干し、完全に乾いたら取り込みます。

注意すること

ほかの野草と同じく、「ほどほど」が大事。どくだみには強い緩下（かんげ）作用や利尿作用があるので、お茶も料理も、摂取しすぎないようにします。妊産婦や子ども、腎機能の病気を抱えている人はとくに注意が必要なので、摂取を控えます。

花弁に見えるのは、葉が変化した苞（ほう）で、本当の花は真ん中の黄色い部分

日陰で、洗濯物と同じように風通しがよい場所に干す

ドクダミ

ドクダミ科　多年草

北海道から沖縄まで全国に分布し、半日陰〜日陰で湿り気のある土に好んで生える。秋から冬は地上部が枯れ、4月頃に芽が出る。地下茎で増えるので、地上部を刈っても新しい芽がどんどん出てくる。

地下茎

地面を20cmほど掘ると出てくる

編集部で
つくってみました

蓋の穴はアルミテープなどでふさぐ

氷は耐熱性の袋に入れる

> 加熱しているときは部屋中に漢方っぽい香りが…。しかしできた水は無色透明、甘い香りでびっくり。スプレー容器に入れ、冷蔵庫で冷やして顔や体にシュッと吹きつけると気持ちがいい！

どくだみ蒸留水

香りの成分が溶け込んだ
鍋でつくる簡単蒸留水

〈材料〉
どくだみの葉や茎
　…両手に山盛り

〈道具〉
鍋、鍋蓋、蒸し皿、氷、氷を入れる耐熱性のポリ袋、耐熱性のコップ

〈つくり方〉

1 鍋の中に蒸し皿を敷き、皿がつからないくらいに水をそそぐ。

2 蒸し皿の中心にコップを置き、その周りにどくだみを敷き詰め（上写真）、表裏逆さまに蓋をする（写真a）。

3 鍋を火にかけ、蓋と鍋の隙間から湯気が出始めたら弱火にし、蓋の上に氷を入れた袋を置く（写真b）。

4 蒸されて出た水蒸気が蓋で水滴に変わり、コップに集まる。15分で約60mlの蒸留水がたまる。冷めたらスプレー容器に移して使う。

〈使い方〉
原液をスプレー式の容器に入れて部屋や布類、肌に直接かけて使う。冷蔵庫で保管し、1週間で使いきる。飲用はしない。

ドクダミの成分と抽出方法のはなし

協力＝長島司

　ドクダミの強い香りは、デカノイルアセトアルデヒドという成分によるものです。強い殺菌作用がありますが、乾燥させると酸化して成分が変化します。ほかにも、抗炎症作用で知られるフラボノイド、利尿作用のあるカリウムなどさまざまな成分が含まれており、昔から伝わる手当ては、その薬効がいかされたものと思われます。

　今回は、昔ながらの方法や、読者おすすめの方法でスキンケアグッズをつくりましたが、どんな成分がどのように抽出されているのかは気になるところです。そこで『植物成分と抽出法の科学』などの著書がある長島司さんに、煮出す、アルコールに漬ける、蒸留する、それぞれの抽出方法の特徴を教えてもらいました。ただ、抽出される成分は多様で、とくに家庭で行なう場合は厳密な違いはないとのこと。手軽にできる熱水抽出、長期保存できるアルコール抽出、香りを楽しむ蒸留抽出など、目的や、やりやすい方法で試してみてください。

熱水抽出

　煮出して抽出する方法。カリウムをはじめとした水溶性*の成分が抽出される。どくだみ茶は、利尿作用や毛細血管強化などの働きがあるとされる。生葉はほとんど水分なので、乾燥葉のほうが抽出される成分は濃くなる。

アルコール抽出

　アルコールに数週間から数カ月漬けて抽出する方法。水溶性、脂溶性**どちらの成分も抽出される。度数の高いアルコールでは脂溶性の成分が、低いものでは水溶性の成分が多く抽出される。アルコールには、度数99.5％の無水エタノール、35〜40％のホワイトリカーやウォッカ、20％の焼酎などがある。無水エタノールなら、強い殺菌作用があるデカノイルアセトアルデヒドを抽出できるが、度数が高いためそのまま肌につけるのは避けたい。化粧水にするなら、水溶性、脂溶性どちらの成分もほどよく抽出できるホワイトリカーやウォッカのチンキが使いやすい。チンキ（ドクダミエキス）には肌にやさしい成分が多く含まれていて、化粧水などの化粧品素材としても使われている。

蒸留抽出

　植物を高温の蒸気で蒸すと香り成分（精油）を含む水蒸気が出て、これを冷やすと蒸留水ができる。そのため蒸留水には、香り成分のみが抽出される。

*水に溶けやすい成分。ドクダミでは、カリウムやフラボノイド類など。
**油（脂）に溶けやすい成分。ドクダミでは、生葉に含まれるデカノイルアセトアルデヒドなどのアルデヒド類。

どくだみチンキ

昔からつくられてきた
アルコール漬けの「万能薬」

〈材料〉 保存瓶1本分
どくだみの葉、花*
　…瓶にいっぱい
アルコール（30〜40度以上の
ウォッカや焼酎）…適量

*葉、花ともに、乾燥したもののほうが成
分が濃く抽出される。葉と花を混ぜても
よい。

〈つくり方〉
瓶に葉や花を入れて、それ
が完全に浸る量のアルコール
を注ぐ。日の当たらない場所
に置いて1〜3カ月漬け、液
が琥珀色に変わったら使える。
葉や花を除き、小瓶などに移
すと使いやすい。常温で1年
以上保存できる。

〈使い方〉
虫刺されや打撲、ちょっとし
たやけどにつける人もいる。
蓋つきの平らな容器に5㎝角
に切った脱脂綿を重ねて入れ、
原液を注いで湿らせておくと
便利。蓋をして保存し、脱脂
綿を1枚ずつ取り出してしば
らく患部に当てて使う。

脱脂綿に湿らせて容器に入れておけば、
持ち歩くときに使いやすい

どちらも生のどくだみのよう
な強い香りはなく、花だけの
チンキはふんわり甘い香りが
する。漬けるだけと簡単なの
で、もっと大きな瓶で仕込ん
でもよさそう。

どくだみ化粧水

チンキを水で薄めるだけでもOK
グリセリンを加えると保湿性がアップ

〈**材料**〉　100㎖容器1個分
どくだみチンキ…5㎖
精製水…50〜90㎖
グリセリン*…5㎖

＊植物や海藻、動物に含まれるアルコールの一種。
化粧水などの保湿成分として使われる。ドラッグ
ストアなどで購入できる。

〈**つくり方**〉
化粧水用の容器に、こしたp62のチ
ンキ、精製水、グリセリンを入れ、
軽くふって混ぜ合わせる。

◎冷蔵庫で保存し、2週間〜1カ月で使いきるよう
にする。

甘い香りの花のチンキは化
粧水にしてもいい香り。ア
ルコールが含まれているの
でp60の蒸留水よりも肌が
さっぱりする。

どくだみクリーム

ごま油をベースにしたクリーム
手肌など部分的に使いたいときに

ほうじ茶のような
香りで肌にしっと
りなじむ。

〈**材料**〉　30㎖容器1個分
どくだみチンキ…10㎖
太白ごま油…15㎖
みつろう*…3g

＊ミツバチがつくる天然のワックス。自然食品店や
通販サイトで購入できる。

〈**つくり方**〉

1　耐熱容器にごま油とみつろうを入れ、
　　湯煎してみつろうを溶かす。

2　1にチンキを加え、割り箸でかき混
　　ぜる。全体がなじんだら熱いうちに
　　容器に入れる。

◎常温で半年保存できる。

どくだみの根の炊き込みご飯

刻んだ根を入れて炊いたご飯
ごぼうの炊き込みご飯をイメージして

〈材料〉2人分
米…2合
水…2合（360㎖）
どくだみの根
　…約10g（刻んで
　　約大さじ2）
油揚げ…1枚
　（1㎝角に切る）
酒…大さじ1
みりん…大さじ1
醤油…大さじ1
塩…少々

〈つくり方〉
1　どくだみの根はよく
　　洗って一晩水にさら
　　し、細かく刻む。
2　炊飯器に、洗った米、
　　分量の水、調味料、
　　どくだみと油揚げを
　　入れて炊く。

細かく刻んだどくだみが、ご飯に香りと刺激を加えて、まるでスパイスのよう。クセのある香りで、なんとなくアジア料理っぽい。水にしっかりさらしたためか、苦みは感じない。

クセの強い香りが、甘辛い味に合う。少しずつご飯と一緒に食べたり、のり巻きの具にしたり、肉巻きにして食べるとおいしい。

どくだみの根のきんぴら

甘辛い味つけで、
根を丸ごと味わえるきんぴら

〈材料〉2人分
どくだみの根…100g
赤唐辛子…1本
　（種をとり、輪切り
　　にする）
植物油…小さじ2
水…大さじ4
砂糖…小さじ1
酒…小さじ1
醤油…小さじ1

〈つくり方〉
1　どくだみの根はよく洗っ
　　て一晩水にさらし、5㎝
　　ほどに切る。
2　鍋に油と赤唐辛子を熱し、
　　香りが出たらどくだみを
　　加えて弱火でしんなりす
　　るまで炒める。
3　水と砂糖を加え、やわら
　　かくなるまで蒸し煮する。
　　酒、醤油を加え、汁気が
　　なくなるまで炒める。

ひと口食べると、口じゅう、体じゅうにどくだみの香りが充満。パンチの効いた香味油を合わせると、葉のクセの強さがやや消えて食べやすい。葉の厚みは意外と感じなかった。

どくだみサラダ香味油和え

葉っぱに辛みの強い香味油をかける
中国で定番のどくだみ料理

〈材料〉2人分
どくだみの若葉…50g
長ねぎ…10cm（みじん切り）
にんにく…1かけ（みじん切り）
しょうが…1かけ（みじん切り）
赤唐辛子…1本
　　（1cmほどに切る。種を入れると
　　辛くなるので、嫌な場合はとる）
白ごま…小さじ1
七味唐辛子…大さじ1
植物油…大さじ3

〈つくり方〉

1　どくだみはやわらかい若葉を摘み洗って1日水にさらす。

2　小鍋にどくだみ以外の材料をすべて入れ、弱火にかける。香りが立ってきたら火を止める。

3　1の水気を切って器に盛り、2が熱いうちに回しかける。

ソラダーさんの絶品どくだみ料理

神崎ソラダーさん（かんざき）
タイ・バンコク出身。1980年に来日し、タイの伝統野菜や薬草を栽培しながら、薬草料理研究家としてタイ料理教室を開催している。

「どくだみは日本人にはただの草。でもタイ人には宝物だよ」。
そういいながらどくだみを摘むのは神崎ソラダーさん。タイ北部でどくだみは、
レストランのテーブルに薬味として常備されるほど身近な食材。
ほとんどが栽培されたもので、市場ではいい値段で売り買いされているそうです。
　ところが日本ではただの雑草。もったいない！ と料理に使うようになりました。
　ソラダーさんが普段つくるタイ東北部、イーサーンの料理を紹介します。

レシピ・料理＝神崎ソラダー　写真＝依田賢吾

> あと味さわやかな
> ピリ辛ペースト。
> 香りがマイルドなので
> 初心者はまずこれから。

どくだみパクチーペースト

〈材料〉 150㎖分
どくだみ、パクチー
（どちらも根つき）
　…各5〜6本
にんにく…1かけ
くるみ…20g

青唐辛子…1本
オリーブオイル…100g
塩…小さじ1弱
酢…小さじ2

〈つくり方〉
材料をすべてミキサーにかけてペースト状にする。

◎バケットやカンパーニュなどのハード系のパンによく合う。パスタや焼き魚、肉の炒め物などにも使える。冷蔵で1カ月保存できる。

> どくだみには梅干しの
> 酸味が合います。
> いろいろな野菜や野草を
> 入れるとよりおいしい。

生春巻き

〈材料〉 8本分
鶏ひき肉（または豚ひき肉）…200g
A ┌ にんにく…3かけ
　│ 黒こしょう…5粒
　│ 塩…小さじ1/3
　│ オイスターソース…小さじ2
　└ パクチー（根つき）…2〜3本
ライスペーパー…8枚
どくだみの葉、せん切りの
きゅうりやキャベツ、水菜、
ペパーミントなど…適量
あればたんぽぽ、ハナダイコン、ナス
タチウムなどの食べられる花…適量
ゆでたそうめん…1束分
梅干しソース＊…適量

＊梅干し4個を裏ごしし、水50mℓを加えてとろみが出
るまで加熱。粗みじん切りのにんにく1かけ、メープ
ルシロップ（または砂糖）と梅酢各小さじ1、ナンプラ
ー大さじ2、甘酒大さじ2、レモン汁小さじ2、刻んだパ
クチー2〜3本、すりつぶしたくるみ3〜4かけ、好み
で小口切りの赤唐辛子を加えて混ぜる。

〈つくり方〉
1 Aをすり鉢ですりつぶす。
2 フライパンに油をひかず、ひき肉を
　炒め、火が通ったら1を加えて炒め
　る。
3 水でぬらしたまな板にライスペーパ
　ーを広げてやわらかくなったら、ど
　くだみ、野菜、花、ゆでたそうめん、
　2をのせて包む。
4 梅干しソースをつけて食べる。

◎ひき肉炒めには左ページのどくだみパクチーペースト
を入れてもよい。

季節の草花を入れ
ると見た目が華や
かになる

ラープはそぼろ炒めのこと。どくだみの香りで魚の生臭さが消え、さっぱり食べられます。

魚のラープ

〈材料〉4人分

魚の切り身…300g

A
- ペパーミント…ひとつかみ
- どくだみ(根つき)、パクチー…各2本
- あさつき(小ねぎ)…5本
- あれば野草*…ひとつかみ

B
- しょうがのせん切り…1かけ分
- 白すりごま…大さじ1
- 砕いた炒り玄米…1/2カップ
- 粉唐辛子…少々

レモン汁…大さじ1

ナンプラー…大さじ1と1/2

レタス、どくだみの葉、あれば野草…適量

*ノビル、ノカンゾウ、ハナダイコン、イタドリなど、食べられる野草ならなんでもよい。

〈つくり方〉

1 魚は皮と骨をとり、包丁でたたいてミンチにし、油をひかないフライパンで火が通るまで炒める。

2 火を止め、刻んだA、Bを加えて混ぜレモン汁を加え、ナンプラーで味を調える。

3 レタスでどくだみ、野草、2を包んで、食べる。

◎魚はなんでもよい。塩麹大さじ1をまぶして10分ほどおいて使うとよりおいしい。鶏や豚のひき肉、豆腐でもよい。

玄米は炒ってミルやすり鉢で粗く砕いて使う。玄米を炒って混ぜると、ラープに独特の香ばしさと粘りが加わる

トムヤムプラー

〈材料〉4人分

魚のアラのぶつ切り…500g

A
- コブミカンの葉*…2〜3枚
- レモングラス*…2本
- しょうがの薄切り…1かけ分
- パクチーの根…1本

B
- ナンプラー…大さじ2
- トマト…1/2個（乱切り）
- しめじ、ひらたけなど…50g（ほぐす）
- 蜂蜜漬けの梅干し…2個
- （またはタマリンド**大さじ1）

ナンプラー…適量

赤唐辛子…2本（種つきのまま縦半分に切る）

レモン汁…大さじ1

C
- ペパーミント…ひとつかみ
- どくだみ（根つき）、パクチー…各2本
- あさつき（小ねぎ）…5本分
- あれば野草（p68参照）…ひとつかみ

＊ドライハーブがエスニック食材店で買える。
＊＊マメ科の植物で、果実を調味料として使う。エスニック食材店で買える。

〈つくり方〉

1 鍋に湯（800mℓ）を沸かし、Aを入れてひと煮立ちしたらアラを入れる。アラに火が通ったら、Bを入れる。

2 ひと煮立ちさせ、ナンプラーで味を調え、赤唐辛子を加える。火を止め、レモン汁を加える。

3 器に盛り、刻んだCをのせる。

◎どくだみは熱を通すと香りが飛ぶので、香りを楽しみたければ、食べる直前にのせる。

どくだみは刻んでから散らすことでより香りが楽しめる

さっぱりした辛さと酸味の魚のスープ。どくだみを薬味のように使います。

農家が教える
ハーブ料理

宮城県・蔵王連峰の麓（ふもと）でハーブ農園を営む平間拓也さんは、
鍋にも焼肉にもお好み焼きにもハーブを使います。
「いつもの料理にハーブを加えるだけで新しい料理になる。
毎食使ってもあきないんですよ。
野菜みたいにたくさん使うとおいしいんです」。
シャキシャキとした食感、清涼感のある香りが心地よく、
もっともっとと加えていくうちに量が増え、いつの間にか
ハーブたっぷりの料理ばかりつくるようになりました。
ハーブ農家ならではの使い方のコツとおすすめの料理を教わります。

レシピ・料理＝平間拓也　写真＝寺澤太郎

平間拓也さん（左）と弟の徹也さん
ハーブや野菜苗専門の農園「ざおうハーブ」
を家族で経営。食用をはじめ薬用や観賞用
など年間250種類以上のハーブを出荷して
いる。ハーブ摘み取り体験も実施。
https://www.zaoherb.com/

スイートバジル

コリアンダー
（パクチー）

タイム
（コモンタイム）

チャービル
（セルフィーユ）

イタリアン
パセリ

ディル

スペアミント

セルバチコ
（ワイルドルッコラ）

ローズマリー

ハーブには「草」と「木」があります

ハーブには、「草」に分類されるもの、「木」に分類されるものがあります。

例えば、ローズマリーやタイム、セージなどは「木」です。これらは葉や枝もかたく、生では食べられませんが、加熱に強いので油を使ったり、煮込んだりして香りをつける料理にはぴったり。食べるときは取り除くことが多いです。

いっぽうで、ミントやバジル、コリアンダー（パクチー）などは「草」です。生のままで香りや食感を楽しむか、短時間の加熱で食べます。加熱のしすぎは食感が悪く香りも弱くなります。この種類の違いを知っておくと、いろいろと応用できます。

生の葉を使う

生で食べると食感や香りがよいハーブは、
サラダはもちろんですが、鍋などでさっと火を通すと
たっぷり食べられるのでよくつくります。
とくに、食感のよいセルバチコや
香りが控えめのディルは生葉のまま使うといいですね。

ハーブ鍋

塩味のシンプルなスープに
クセのない具を合わせると、
よりハーブの香りが楽しめます。

〈材料〉
【具】
鶏肉、タラ、しめじ、白菜、にんじんなど
【ハーブ】
コリアンダー、イタリアンパセリ、セルバチコ、チャービル、ディル
だし汁（昆布）、塩

〈つくり方〉
1　具をひと口大に、ハーブは長めに切る。
2　鍋にだし汁、具を入れて煮る。火が通ったら、塩で調味する。
3　ハーブをこんもり入れて蓋をしたら火を止める。加熱しすぎるとハーブの香りが飛んでしまうので注意。
4　スープと具を盛り、ハーブも一緒に食べる。

◎トマトの水煮を入れると洋風の鍋になる。塩の代わりに塩麹で味をつけてもおいしい。

ハーブ焼肉

ハーブをサンチュのように使う食べ方。
薬味的な役割もあります。

〈つくり方〉
豚肉や牛肉などを焼き、コリアンダー、イタリアンパセリ、セルバチコ、チャービル、ディルなどのハーブをくるみ、焼肉のたれをつけて食べる。バジルドレッシング（p78）も合う。たれは甘いほうがハーブの辛みや苦みを引き立てる。

焼く・炒める

ハーブを野菜代わりに使います。葉物のハーブは加熱すると香りが飛ぶので、焼いたり炒めたりするなら、香りが強いバジルやコリアンダー、イタリアンパセリがおすすめ。また、コリアンダーやイタリアンパセリは加熱しても食感が残ります。

ハーブ焼きそば

油で炒めたコリアンダーは香りがよく、麺とも相性がいいです。

〈材料〉
中華麺…1玉
豚肉、キャベツ…適量
刻んだバジル、イタリアンパセリ、コリアンダーなど…たっぷり
ソース、植物油…適量

〈つくり方〉
1　フライパンに油を熱し、ひと口大に切った豚肉とキャベツを炒める。
2　麺を加えて炒め、ソースで味をつける。
3　ハーブを入れて軽く炒める。

◎ハーブの香りをより楽しみたい場合はソースを塩に変える。

ハーブお好み焼き

焼いたハーブは香りもほんのり、
軽く食べられます。

〈**材料**〉1枚分

┌ 小麦粉…100g
│ 水…100㎖
│ 卵…1個
A キャベツのせん切り…適量
│ 刻んだバジル、イタリアンパセリ
│　…キャベツと同量
└ 干し桜えび…適量
植物油、お好み焼き用ソース…適量

〈**つくり方**〉

1 Aを合わせてよく混ぜる。
2 フライパンに油を熱し、1を流し入れ、両面を焼く。
3 中まで火が通ったら、器に取り出し、ソースをかける。

香りを油に移す

ローズマリーやタイムはかたいのでそのままでは食べられませんが、加熱することで香りが抽出され、この油を料理に使うと、素材が風味よく仕上がります。香りづけに使ったハーブは飾りなどに使います。

ハーブチキンソテー

ハーブの香りが移った鶏肉にシャキシャキした生のハーブ。
香りと食感が楽しめる一品です。

〈材料〉
鶏もも肉…1枚
香りづけ用のハーブ
　（ローズマリー、タイム、
　オレガノ、セージなど）
　…少量
生で食べるハーブ
　（セルバチコ、イタリア
　ンパセリ、ディルなど）
　…たっぷり
塩、こしょう、植物油
　…適量

〈つくり方〉
1　フライパンに油を熱し、弱火で香りが出るまで香りづけ用のハーブを炒める。
2　1のフライパンに、塩、こしょうをふった鶏もも肉を入れて両面焼く。
3　焼けたら器に盛り、生のハーブをたっぷりのせる。

ハーブ
フライドポテト

ハーブ風味のポテトと
仕上げの生ハーブが絶妙の組み合わせ。

〈**材料**〉
じゃがいも（皮つきのまま
　くし形切り）…適量
香りづけ用のハーブ
　（ローズマリー、タイムなど）…少量
生で食べるハーブ（セルバチコ、
　イタリアンパセリ、ディルなど）
　…好きなだけ
植物油、塩…適量

〈**つくり方**〉
1　鍋に多めの油を熱し、弱火で香り
　　づけ用のハーブを香りが出るまで
　　加熱し、取り出す。
2　1の油が熱いうちに、じゃがいも
　　を入れて低温で揚げる。
3　いもに塩をふり、生のハーブをの
　　せる。

おまけのドリンク

ノンアルモヒート

お酒気分のノンアルコールドリンク。

〈**つくり方**〉
1　グラスにちぎったスペアミント、
　　ライム果汁、砂糖を加え、マドラ
　　ーでミントをつぶしながら混ぜる。
2　炭酸水を加え、軽く混ぜる。

◎ラム酒などアルコールを加える場合は、砂糖の量を
少し増やすと飲みやすい。

ペーストにする

葉がやわらかく香りが強いハーブはペーストにします。一度にたくさんとれるバジルやミントもこうすると保存できます。ソースやドレッシングにしたり、清涼感のあるミントは冷製パスタにしても。コリアンダーやイタリアンパセリでもつくれます。

バジルペーストのパエリア風

サフランの代わりにバジルを使います。

〈材料〉 直径30cmのフライパン1枚分
鶏手羽元…4本
魚介（イカ、エビ、貝など）…好みの量
白ワイン…適量
にんにく…2かけ（みじん切り）
玉ねぎ…1個（みじん切り）
A ┌ 米…4合（洗って水を切る）
　└ バジルペースト…大さじ4
B ┌ パプリカ…1個（1cm角に切る）
　└ 水…600ml
植物油、塩、バジル（ちぎる）…適量

〈つくり方〉
1　フライパンに油を熱し、鶏肉、魚介とワイン、にんにくと玉ねぎの順に加えて炒め、その都度塩をふる。
2　Aを加えて弱火でさらに炒める。
3　Bを加えて塩をふる。蓋をして強火にし、沸騰させ弱火で20分加熱する。
4　火を止め、5分蒸らしバジルをちらす。

バジルペースト

バジルの香りを長く楽しめます。

〈材料〉 350ml分
バジル…200g
にんにく…1かけ（なくてもよい）
オリーブオイル…180ml

〈つくり方〉
1　ミキサーにバジル、にんにくを入れ、ひたひたになるまでオリーブオイルを注いで攪拌する。
2　残りのオリーブオイルを少しずつ加えて攪拌を繰り返す。ポリ袋などに入れて冷凍すると時間がたっても変色しない。

〈使い方〉
バジルドレッシング…バジルペーストに酢、塩、こしょうを混ぜる。サラダや肉にかける。
パスタ…ゆでたパスタにバジルペーストを加え、ゆで汁でのばしながら和える。塩で味を調える。
鶏肉のソテー…鶏もも肉に塩、こしょうをふって焼く。肉汁にバジルペースト、塩、こしょうを混ぜ、器に盛った肉にかける。

ハーブ栽培お悩み相談

Q ローズマリーの株元がスカスカでかっこ悪いです

A ローズマリーは「草」ではなく「木」です。放っておくと緑色だった茎が株元から徐々にかたく茶色くなり、木質化します。木質化した部分からは新しい茎はほとんど出ないので、形が悪くなるのでしょう。木質化する部分を広げないためには、年に1度剪定をします（写真❶）。残っている枝を、つけ根から10cmほど残してすべて刈ります。花が咲かなくなる6月頃に刈ると、刈ったところから新しい枝が伸び、秋にはまた花が咲きはじめます。ちなみにタイムも「木」なので、剪定するとある程度木質化を防げます。

Q うちのローズマリー、香りが全然しません…

A 長く育てていると、香りが弱くなることがありますが、全くしないのなら、ハーブとして使うローズマリーではない可能性もあります。「オーストラリアンローズマリー」（写真❷）という名前で販売されているウエストリンギアは、見た目はローズマリーそっくりですが、丈夫な庭木として人気の植物で、香りはありません。かわいい花を楽しめるので、これはこれで大事にしてください。

Q ミントが増えすぎて雑草のよう。どうすればいい？

A ミント類は地下茎で増えるので（写真❸）、庭や畑に直接植えないほうがいいといわれます。畑に植える場合は、土の深さ30cmまで板やシートで囲うと繁殖が防げます。増えすぎたミントは料理に使えばいいのですが、とても追いつかない場合は地下のほふく茎ごとバリバリッとはがして抜いてしまいましょう。

Q ミントははびこると聞いたのに、うちの庭では枯れました…

A いくら丈夫といっても、風通しの悪い粘土質の庭ではなかなか育ちません。また、暑さに弱いので、初夏に花を咲かせた後は葉を枯らして落とし、秋にまた芽を出す性質があります。葉が枯れたら、ローズマリーやタイムのように茎を短く刈り込んであげると、涼しくなってから芽が出やすくなります。

ミントの中でもアップルミントの生命力は非常に強いです。まだ植えたことがないなら、ぜひお試しください。

Q パセリが一晩で丸裸に！いったい誰が食べたの？

A キアゲハ（写真❹）の幼虫かもしれません。セリ科の植物に卵を産み、幼虫はその葉を食べて育ちます。幼虫は葉を縁から食べ、食べ尽くしてから次の葉に移動します。卵は1mm、生まれたては2mmほどなので、目を凝らさないと見つかりません。気がつかないうちに成長し、一気に食べられたのかもしれません。

キアゲハが飛んでいたら、すでに卵を産んでいる可能性大なので、虫眼鏡で探しましょう。ちなみにアゲハ（写真❺）は柑橘類を食草にするのでパセリは食べないのですが、舞うチョウを見分けるのは難しいかもしれません。

Q バジルの葉の裏に黒くて小さい虫がいます

A ハダニかもしれません。増えると、バジルの栄養を吸って枯らしてしまいます。見つけたら手や粘着テープで取り除くか、勢いよく水をかけて落としてもいいでしょう。ハダニは乾燥に弱いので、風通しのよい場所に置き、込み合った葉を間引くと予防になります。

協力＝平間拓也　写真＝寺澤太郎（①）、依田賢吾（③）、PIXTA（②、④、⑤）

Q 台所に置いたハーブの鉢が 長持ちしません

A ハーブを室内で育てるのは難しく、香り も弱くなります。また、根が込み入って しまうと成長が止まるので、小さい鉢で育てる のもおすすめしません。気軽に使いたいなら、 できるだけ大きな鉢に植え、玄関先やベランダ に置きましょう。その場合も、風通しがよいか、 地面の照り返しで鉢の温度が上がりすぎないか 注意しましょう。

Q レモングラスの冬越し、 毎年失敗してしまいます

A レモングラスは熱帯原産で寒さに弱いの で、冬も温暖な地域以外では、株を掘り 上げて冬越しをさせます。葉を10cmほど残して 刈り、株周りにスコップを入れてごそっと掘り 出したら、大きめの鉢に植えつけます。土は畑 の土で大丈夫。春になるまで、できれば室内に 置きます。暖かくなったら畑に植え直します。

Q ローズマリー、ミント、 バジル、コリアンダー… 種まきに失敗してしまいました

A ローズマリーやミントは、種をまくより枝 から増やすほうが簡単です。枝先15cmく らいを摘んだら、下のほうの葉を取り除いて土 か水に挿し、根が出るのを待ちます。湿度が高 いと発根が早いので、梅雨時期がおすすめです。

バジルやコリアンダーは比較的よく発芽し、 種をまくとたくさん育てられるのでお得です。 バジルは熱帯原産で気温が23℃以上でないと芽 が出ないので、種まきは5月頃がいいでしょう。 コリアンダーは寒さに強いので、秋に種をまき ます。

❶剪定は、ハサミの先で示 しているあたりで切る

❷ウエストリンギア。花も ローズマリーそっくり

❸太い地下茎から、地上に 枝が出る

❹キアゲハ

❺ナミアゲハ（アゲハ）

お茶とチンキと蒸留水

夏、植物はぐんぐん葉や茎をのばします。

色鮮やかで、独特の香りを放つ夏の草や木の葉は、

その香りや色が植物自身の身を守っています。

ミントは初夏、開花前にもっとも香りが強くなり、虫を遠ざけます。

夏のよもぎは苦みや渋みのもとになるポリフェノール（タンニン）を増やし、

強い日差しから細胞を守っています。

そんなパワーあふれる夏の草を、乾燥させてお茶にしたり、

焼酎に漬けてチンキをつくったりと、昔から人間はさまざまな形で

暮らしやからだに取り込んできました。

写真＝五十嵐公（p83、86〜87）、小林キユウ（p84）、寺澤太郎（p88〜89）
スタイリング＝本郷由紀子

野草茶

野草茶はまろやかな風味が魅力。
夏の野草は香りが高く、からだによい成分も詰まっています。
お茶にすれば作用もゆるやか。緑茶とのブレンドがおすすめです。

〈材料〉
ドクダミ、スギナ、ヨモギ、ビワの葉など

〈つくり方〉

1 ドクダミやスギナは根元から、ヨモギ
はやわらかい枝先を摘む。ビワは枝先
の大小入り混じった葉をとり、葉裏の
繊毛を指でこすって落とす。それぞれ
水でよく洗ってゴミや虫を落としたら、
カラカラになるまで吊るしたり、ザル
に並べたりして日陰に干す。

2 乾燥したらはさみで2〜3cmの長さに
切る。全体を軽く手でもむと、急須に
入れやすくなる。種類別またはブレン
ドして、すぐ飲む分は茶筒などに入れ、
残った分は紙袋に入れて保存する。

〈飲み方〉
緑茶や番茶の茶葉大さじ1を入れた急須に
乾燥葉をひとつまみ加え、熱湯を入れて20
〜30秒ほど蒸らし、湯のみに注ぐ。

◎野草茶を楽しむコツはつくりすぎないこと。2週間ほどで
飲みきれる分だけとる。大人2人で飲むなら、茎ごとなら1
〜2枚、大きな葉なら1〜2枚で十分。ただしドクダミはつぼ
みがつく5月頃のものが一番薬効が高いといわれるので、こ
の時期に一気に刈って干すのがおすすめ。

協力＝草木屋

野草茶に使う草と木の葉

お話＝草木屋

※煎じて飲むほど強くありませんが、植物によってはからだに作用があります。自分や家族の体質や体調に応じて使い方を加減してください。妊娠中や授乳中は注意してください。

ヨモギ

人の膝丈ほどに成長したものをやわらかい枝先で摘みます。もぐさを思い出すようなヨモギ独特の香りがあります。単独で煎じるとクセが強くやや飲みにくいですが、番茶や緑茶にブレンドすると風味が薄れ、甘みを感じます。

ドクダミ

根も使えますが、土を洗い落とすのが面倒なので、根元で摘みます。スーッとした香りで、単独で煎じると強い風味です。夏は冷やして飲むとおいしいです。番茶や緑茶にブレンドすると甘みを感じ、味のアクセントになります。

スギナ

ツクシが伸びた後に出る緑色の葉を、根元から摘みます。味は日なたくさいような、草っぽいような…。年齢を重ねるごとにそれがおいしいと感じるようになりましたが、初心者はブレンドしたほうが飲みやすいかもしれません。

サンショウ

春に出た葉を枝ごと摘みます。スパイスとして使われる実は刺激がありますが、生の葉は柑橘系のさわやかな香りがします。乾燥させると香りは残り、野性的な味わい。ピリッとした後味を感じます。

クマザサ

吊るして干しやすいように、葉柄を刈りとります。急須にお湯を注ぐとき、笹もちのようないい香りがします。飲むときは不思議と香りが消え、味もクセがないのでブレンドすると入れたことを忘れてしまいます。

クワ

春に出た黄緑色の若い葉を摘んでいます。生葉はバナナや牛乳とミキサーにかけてミックスジュースにできるくらいクセがありません。乾燥した葉も草っぽさはあまり感じず、煎茶のような風味です。

スギ

枝ごと葉を摘みます。花粉症に効くらしいと聞き、水の量が半量になるまで弱火で煎じました。飲みにくさはなく、シナモンのようなさわやかな味。水筒に入れて持ち歩きたいくらいおいしいです。

ビワ

からだの手当てに使うときは、薬効が高いといわれるゴワゴワした大きな葉を選んで使いますが、お茶には、剪定したときに、枝先についた大小入り混じった葉を使います。クセがなく、ほんのりフルーティーな香りがします。

ニッケイ

枝ごと葉を摘みます。「ニッキ」は乾燥させた根の皮を原料にしたもので、葉もピリッとした強い風味があります。番茶にブレンドして香りを楽しみます。煮出した液をお風呂に入れるとからだが温まるのでおすすめです。

野草のチンキ

かゆみや痛み、打撲の炎症。
昔からさまざまな草の焼酎漬けが
「万能薬」として言い伝えられています。
仕込むのは、草が一番元気な夏がベストです。

〈**材料**〉保存瓶1本分
ドクダミ、オトギリソウ*、
　ホウセンカ、ビワの葉など
　…瓶に半分〜いっぱい
アルコール（30〜40度以上の
　ウォッカや焼酎…適量
*オトギリソウ科の多年生植物。夏に黄
色い花を咲かせる。

〈**つくり方**〉

1　ドクダミ、オトギリソウは根こそぎ
引き抜き、ビワの葉は大きく照りの
ある葉をとる。ホウセンカは花を摘
む。水でよく洗い、水気をふいてそ
のまま容器に入れるか、日陰でカリ
カリになるまで乾燥させてもよい。
乾燥させるとより多くの量を漬けら
れ、水分が少ないので濃いチンキが
できる。

2　容器にそれぞれ野草を入れてアルコー
ルを瓶いっぱいになるまで注ぎ、
冷暗所で2カ月以上保存する。

3　液が琥珀色に変わったら使える。ザ
ルなどでこして植物を除き、小瓶な
どに移すと使いやすい。

〈**使い方**〉

かゆみ止め、炎症止め用に常備しておく
ときは、蓋つきの平らな容器に5㎝角に
切った脱脂綿を重ねて入れ、原液を注い
で湿らせる。蓋をして保存し、脱脂綿を
1枚ずつとり出してしばらく患部に当て
て使う。

左から、オトギリソウ、ホウセンカの白い花、ドクダミの葉（漬けてすぐの状態）、ドクダミの花、ビワの葉

夏の草や葉と期待される効果

ドクダミの茎葉、花…虫刺され、
　切り傷、あせも、打撲、美肌など
オトギリソウの茎葉…虫刺され
白いホウセンカの花…虫刺され、
　切り傷、打撲など
ビワの葉…虫刺され、あせも、湿疹、
　打撲など

化粧水にも

ドクダミやビワの葉のチンキは、昔から化粧水にも使われている。こしたチンキの重量の5%のグリセリン*を加え、肌につけて使う。

*植物や海藻、動物に含まれるアルコールの一種で、強い吸湿性をもつため化粧水などの保湿成分として使われる。

ミントの蒸留水

ミントがたっぷりあれば、
台所で簡単に蒸留水を
つくれます。
無色透明なので、部屋や衣類、
寝具にスプレーでふきつけ、
さわやかな香りを楽しみます。

蒸留水は、
無色透明

〈材料〉
ミントの葉や茎*（水でよく
　洗う）…蒸し皿が見えな
　いくらいたっぷり敷き詰
　められる量
水…適量
氷…1kg
*ミントの種類はなんでもよい。スペ
アミントは清涼感強め、アップルミント
は甘い香りが混ざったさわやかな香り。

〈道具〉
鍋、鍋蓋（中央部分に膨ら
みがあるもの）*、蒸し皿、
氷を入れる耐熱性のポリ袋、
蒸留水をためる耐熱性の容
器

*蒸気を逃さないために、蓋の穴はア
ルミテープでふさぐ。取っ手を取り外
せる場合は、外して穴にアルミテープ
を貼る。

1 鍋に植物と水を入れる

鍋に蒸し皿を敷き、蒸し皿が
浸らない程度に水を注ぐ。蒸
し皿の中央に耐熱性の容器を
置き、その周りにミントを敷
き詰める。

いろいろな植物を蒸留して、ルームスプレーをつくってみました！

ローズマリー
鼻の奥にスーッと抜けるような強い香り。生の枝の青っぽさがなくなり、やわらかい感じ。

シソ
濃厚なシソふりかけの香り。ご飯を食べたくなる。ルームスプレーにしたい香りではない。

レモングラス
フルーティーで上品な、レモンティーのような香り。気持ちが落ち着く。ずっとかいでいたい。

ビワの葉
もわっとしたコケみたいなイメージで、野草茶っぽい香り。ルームスプレーにしたい香りではない。

レモンの葉
レモンにスパイシーさが加わったトムヤムクンぽい香り。部屋がタイ料理屋さんの雰囲気になる。

ブンタンの皮
生の皮よりやわらかい香りで、柑橘のさわやかさがマイルドになった感じ。癒される。

2 加熱する

鍋の蓋を表裏逆さまにして、蓋についた水滴が容器に集まるようにする。鍋を火にかけ、蓋が水蒸気でくもってきたら弱火にする。

3 蒸留水を集める

耐熱性の袋に氷を入れて蓋の上に置く。氷が溶けたら新しい氷に取り換える。冷やされた水蒸気が水滴になり、容器に集まる。

4 完成

香りが強い場合は、精製水で薄めて使いましょう！

植物がくたくたになったら火を止める。30分で約50㎖の蒸留水がたまる。冷めたら蓋つきのガラス瓶などの密閉容器に移す。飲用はしない。

岩手・タイマグラ
森の香りの
蒸留水

岩手県早池峰山の麓・タイマグラ集落で
暮らす安部智穂さん。
森のクロモジやサワラの枝葉、ドクダミや
ミントなど、さまざまな植物を
手づくりの装置で蒸留し
お風呂に、歯磨きに、ルームスプレーにと
たっぷりの蒸留水で暮らしに香りを
取り入れています。

文＝安部智穂　写真＝安部智穂、奥山淳志（プロフィール写真）
イラスト＝さいとうゆきこ

春先、雪の重みで折れたアオモリトドマツ（オオシラビソ）を
友人に分けてもらって蒸留。さわやかな香りに呼吸が深くなる

草木の香りを暮らしに取り入れる

　かれこれ四半世紀、市販の蒸留水や精油を愛
用しています。ラベンダーやネロリ、ティーツ
リーにクラリーセージ。心地よさやすこやかさ、
安らぎや活力など、香りの効用にずっと支えら
れてきました。

　野山で出合う香りからも、大きな効用を得て
います。何気なく触れたクロモジのスパイシー
な香りに深呼吸。黄金色に紅葉したカツラの森
を歩けば、こうばしく甘い香りにうっとり。炎
天下での草取り作業中、引き抜いたカキドオシ
の爽快な香りにシャキッとすることも。

　こうした身近な草木の香りを暮らしにもっと
取り入れたい、と長らく思ってきました。しかし、
市販品では手に入らない香りも多い。ならば自
分で蒸留できないか？　いつからかそんな思いを
抱くようになり、３年前に初めて蒸留に挑戦し
ました。

あべ・ちほ／タイマグラに
移住して27年。折々に森の
恵みをいただき、小さな畑
で野菜を育て、季節に寄り
添った暮らしを営む。夫の
正宏さんは「南部桶正」の屋
号で、おひつや味噌桶など
の暮らしの道具をつくる。

智穂さんの蒸留装置

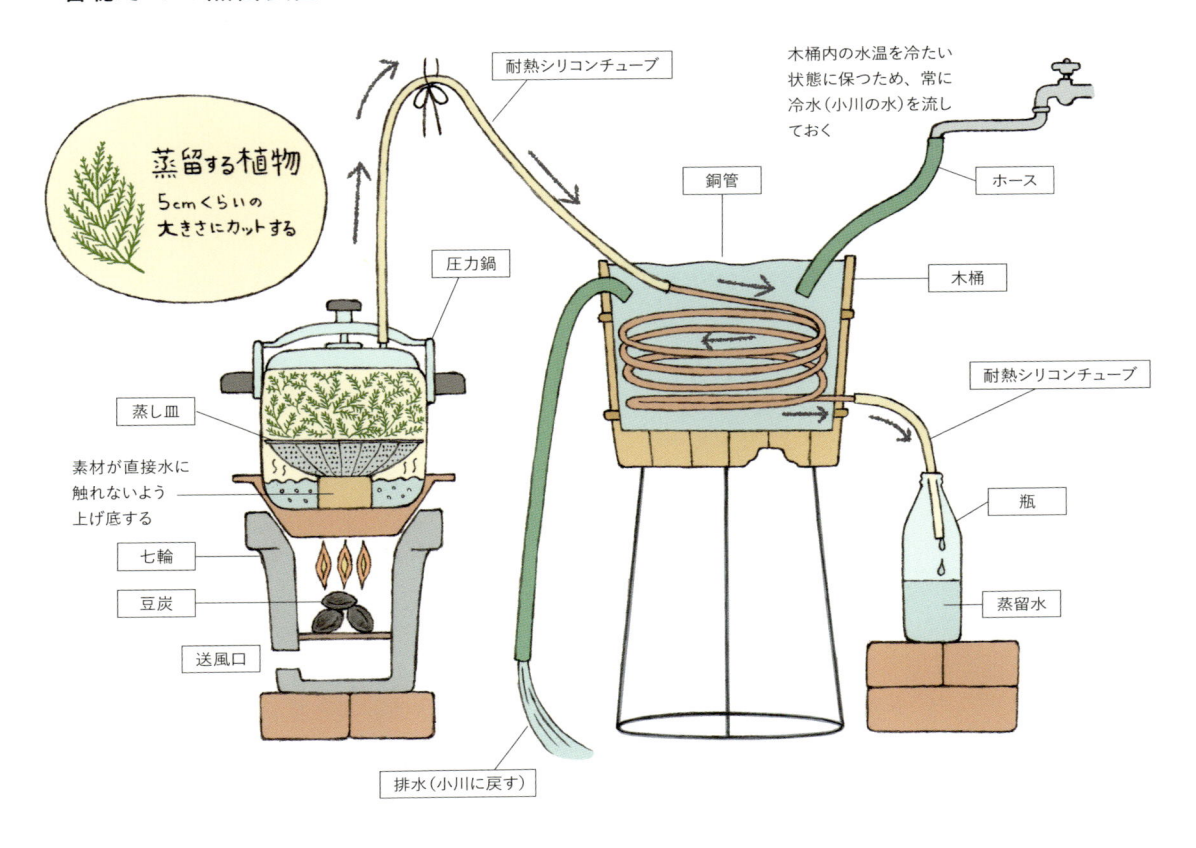

蒸留する植物
5cmくらいの
大きさにカットする

耐熱シリコンチューブ

木桶内の水温を冷たい
状態に保つため、常に
冷水（小川の水）を流し
ておく

銅管

ホース

木桶

圧力鍋

蒸し皿

素材が直接水に
触れないよう
上げ底する

耐熱シリコンチューブ

瓶

七輪

豆炭

蒸留水

送風口

排水（小川に戻す）

圧力鍋で装置を手づくり

　香りのもととなる植物を蒸して蒸気を発生さ
せ、その蒸気を冷却すると蒸留水が採取でき
る。その仕組みはいたってシンプルです。何と
か工夫して装置をつくれないかと、キョロキョロ。
目に留まったのは使い古した圧力鍋でした。圧
力調整のための弁に管を通して、鍋の蒸気を冷
却槽に誘導します。冷却槽には使っていない桶
を利用。小川からホースで水を引いて、常に桶
に冷たい水が流れ込むようにしました。熱源に
は七輪におこした豆炭を使います。シリコンチ
ューブと銅管を購入しましたが、それ以外はす
べてありあわせの、なんちゃって蒸留装置です。
　初めての蒸留は、カヤの実の果肉にしました。
毎年拾うカヤの実の可食部は種です。苦労して
取り除く緑色の果肉は、グレープフルーツに似
たいい香りがします。いつももったいないなあ
と思いながら捨てていた果肉が、ようやく利用

できる！
　圧力鍋に蒸し料理で使う蛇腹式の蒸し皿を置
き、材料が浸らない量の水を入れます。そこに、
カヤの実の果肉をたっぷりとのせ、豆炭に火を
つけます。まもなくシュンシュンと蒸気が上がり、
ほどなくして透明な液体が瓶にポタポタ。鼻を
近づけるとびっくりするほど濃厚な香り。やっ
てみるまでは半信半疑でしたが大成功です！ 途
中何度か水を足し、果肉を交換。日暮れまで
作業を続け、約8ℓの蒸留水が抽出できました。
細口の瓶に入れて数日おくと、表面にオイルの
層も。スポイトで注意深く吸って採取しました。
　以来、さまざまな草木から蒸留水を抽出し
ています。クロモジ、サワラ、ヒバ、ドクダミ、
ミント、ヨモギ、モモ、ゲンノショウコ、カツ
ラ、トドマツ…雪の季節を除いて、毎月3、4種類。
まだまだやってみたい植物がたくさんあり、ど
んな香りがとれるだろう？と毎回ワクワクしま
す。

左／アオモリトドマツの蒸留水を瓶に詰め、しばらくおいておいたら表面に精油が。量はわずかでも香りがギュッとつまっている　上／浴室の前には蒸留水を種類ごとに並べて、その日の気分で選ぶ

お風呂でいろいろな香りを楽しむ

　蒸留水のおもな使い道はお風呂です。1回の蒸留でたっぷりと抽出できるので、惜しみなくコポコポと注ぎます。脱衣所に数種類の蒸留水を置き、今日はどれにしようかな？と選ぶのは毎日の楽しみです。気持ちや身体の状態で、選ぶ香りも変わってきます。くつろぎたいときは甘い香りのクロモジ。体が疲れているときは清涼感がすばらしいサワラ。肌がカサカサのときはモモ、という具合に。

　以前は薬草を直接お風呂に入れていましたが、生の葉を入れるとお湯が濁ってしまうのが難点。残り湯を洗濯に使うこともできません。その点、蒸留水は透明なので使いやすい。

　また、ドクダミが肌によいとわかっていても、においが苦手な人が少なくありませんね。夫も

そうです。しかし、ドクダミの蒸留水は、あの強烈な香りとはまた別のさわやかな香りで、夫も好んでドクダミ風呂を楽しんでいます。強い日差し、汗、虫刺されなど、夏は肌トラブルが多い季節ですが、ヨモギやドクダミのお風呂に入るようになってからは、お肌の調子もよいように感じます。そのお湯にクエン酸を溶かして、リンスとしても利用しています。

さっぱりするミント水

　家の周りでワサワサ茂っているミントを蒸留してできるのは、濃厚な香りのミント水。これでつくるゼリーはすばらしくおいしく、我が家の夏のデザートの定番です。ミント水は香りも辛みも強いので、水で割ってから、数種類の果物と一緒にゼリーに。市販のミントシロップのように色がついていないので、一見ふつうのフルーツゼリーのようですが、ひと口食べると口いっぱいにミントの香りが広がるので、お客さんに出すとびっくりされます。ミント水を薄めたもので、歯磨き後のうがいもしています。とてもさっぱりして、これまたお気に入りの利用法です。

　蒸留水は、ルームスプレーやボディースプレーとしても使い、手づくりのアイマスクにも吹きかけています。蒸留をするようになって、香りの効用にますます感謝の日々。草木からの贈り物ですね。

左／ドクダミは蒸留するとかすかに柑橘系の香り　右／とれたてのクロモジ蒸留水は早速その日のお風呂に

香りの意味を考える

　都会に住んでいたころは、香りをかぐことをむしろ拒んでいました。強すぎる香料は好みではないし、タバコや排気ガスのにおいも苦手でしたから。

　タイマグラに移住してからは、鼻の穴が大きくなるんじゃないか!?と心配になるほど、年じゅう鼻をふんふんさせています。もちろん苦手なにおいもあります。でもくさいと感じるにおいにも原因があり、大切な情報なのだと知ってからは、注意深くかぐようになりました。

　数年前に豪雨に見舞われたとき、家の前を流れる薬師川が危険水位を超えました。強い雨の最中は考える余裕はありませんでしたが、のちに土砂崩れが起き、主要道路が決壊したと知ったとき、ずっと強烈な悪臭がしていたことに気づきました。土砂崩れの前兆のくささとはこのことか…。以来、大雨のときはより一層鼻をきかせるようになりました。

　自然のにおいにはメッセージが込められています。よい香りにも、そしてくさいにおいにも何かしら意味があるのです。以前警戒すらしていた「においをかぐ」という行為も、こうして蒸留水をつくり、植物や土のにおいをかぐようになって、ずっと身近になったように感じます。

智穂さんおすすめ

蒸留水に使う植物

写真＝PIXTA、編集部（ドクダミ、ミント、ヨモギ）

サワラ　　　ヒノキ科ヒノキ属

葉のついた枝を使います。ヒバやトドマツなど、針葉樹の蒸留水はどれもさわやかないい香りですが、サワラの爽快さは格別で、森を散歩しているような気分になります。夏場、お手ふきをぬらすのに活躍します。

カツラ　　　カツラ科カツラ属

春〜夏の青い葉を摘みます。草っぽいやさしい香りで、少しだけカラメルのような香ばしさも感じます。カラメル香の強い紅葉した葉も一度蒸留しましたが、あまり香らないので、蒸留水には青い葉がいいようです。

ヨモギ　　　キク科ヨモギ属

葉の青い時期に根元から摘みます。草餅とは違う、土っぽい野草らしい香りです。それほど強く香りませんが、ヨモギの効能を取り入れられたらと思って使っています。なんとなく肌にいい気がします。

クロモジ　　クスノキ科クロモジ属

葉のついた枝を使います。生の木はスパイシーですが、蒸留水はまるでラムネのようなはなやかで甘い香りで、とてもリラックスできます。部屋やマスクなどにスプレーして使っています。

ドクダミ　　ドクダミ科ドクダミ属

葉の青い時期に根元から摘みます。生の葉は独特のにおいがありますが、蒸留水にするとそれが弱まり、ミントのような清涼感のある香りに。蚊に刺されたときは、チンキ代わりに肌につけています。

カヤ　　イチイ科カヤ属

夏の終わりに実るカヤの実を収穫し、果肉をむいて蒸留します。グレープフルーツのようなシトラス系で、香り成分が多いのか、蒸留水と一緒に精油もとれます。とても強く香るので、トイレや車の消臭にも重宝します。

ハナモモ　　バラ科サクラ属

春〜夏の青い葉を摘みます。ほんのり花のような甘い香りがし、スパイスぽさも感じます。モモの葉は肌の乾燥やあせもにいいと聞くので、汗をかいた日のお風呂上がりには、化粧水のように全身につけています。

ミント　　シソ科ハッカ属

庭に茂っているペパーミントと和ハッカを混ぜて使っています。葉の青い時期に根元から摘みます。清涼感と、ほのかに甘さもある香りで、味もよく、水で薄めてマウスウォッシュやゼリーの風味づけにも使っています。

ひとことメモ

- 植物を採取する時期はとくに決めていません。そのときどきで手に入るものを蒸留しています。
- どれも薄めず原液のまま使っています。おもな用途はお風呂です。1回で300〜500㎖ほど入れています。
- ミントの蒸留水は庭で栽培したもののみを使い、自分の判断で食用にも使っています。その場合は辛いので水で薄めます。その他の蒸留水は食用にはしていません。

初出一覧

この本に収録した記事やレシピは、以下の「うかたま」の記事をもとにしています。

よもぎを食べる・使う (p4〜27)
2022年春 (66) 号「ちょっぴりでもたっぷりでも　よもぎを摘んだらしたいこと」
2019年春 (54) 号「おでかけおやつ」
2018年夏 (51) 号「夏の野草を暮らしにいかす」
2020年春 (58) 号「ヨモギのごはんとおやつ」

たんぽぽの花と葉を食べる (p28〜41)
2021年春 (62) 号「たんぽぽカフェ」
2019年春 (54) 号「草と花のおやつ」

もっといろいろ　草と花のおやつ (p42〜53)
2019年春 (54) 号「草と花のおやつ」「おでかけおやつ」

初夏はどくだみ仕事 (p54〜69)
2021年夏 (63) 号「初夏のドクダミ仕事」

農家が教えるハーブ料理 (p70〜81)
2021年春 (62) 号「農家に教わるハーブ料理　使い方から育て方まで」

お茶とチンキと蒸留水 (p82〜94)
2018年夏 (51) 号「夏の野草を暮らしにいかす」
2021年春 (62) 号「草木屋さんに聞きました　毎日飲める庭の野草茶」
2023年夏 (71) 号「草木の香りを楽しむ精油と蒸留水」

参考資料
『食べて健康！　よもぎパワー』大城築著（農文協）
『増補版　図解 よもぎ健康法』大城築著（農文協）
(公社) 富山県薬剤師会広報誌2017年6号第39巻　村上守一
『大地の薬箱　食べる薬草事典』村上光太郎著（農文協）
『植物成分と抽出法の化学』長島司著（フレグランスジャーナル社）
「月刊　現代農業」2019年7月号（農文協）
『農業技術大系　野菜編』（農文協）
『庭にほしい木と草の本』草木屋著（農文協）

本書は2024年4月1日発行「別冊うかたま 野草とハーブのレシピ」を書籍化したものです。

うかたまBOOKS

野草とハーブのレシピ

よもぎ、たんぽぽ、どくだみ、すぎな　料理とおやつ、お茶、チンキ、蒸留水

2025年2月5日　第1刷発行

編　者　　一般社団法人 農山漁村文化協会
発行所　　一般社団法人 農山漁村文化協会
　　　　　〒335-0022　埼玉県戸田市上戸田2-2-2
　　　　　☎048-233-9351（営業）
　　　　　☎048-233-9372（編集）
　　　　　FAX048-299-2812
　　　　　振替　00120-3-144478
　　　　　https://www.ruralnet.or.jp/
製　作　　株式会社 農文協プロダクション
印刷・製本　TOPPANクロレ株式会社

＜検印廃止＞
ISBN 978-4-540-24171-0
©農山漁村文化協会2025　　Printed in Japan

定価はカバーに表示
乱丁・落丁本はお取り替えいたします。

デザイン＝兼沢晴代
DTP制作＝株式会社 農文協プロダクション
「はじめに」写真＝五十嵐公

うかたま
WEBサイト http://ukatama.net

@uktmつぶやいています
http://twitter.com/uktm

★Facebookもやってます
www.facebook.com/ukatama

「うかたま」は、食べものの神様、
宇迦之御魂神（ウカノミタマノカミ）にあやかり、
古くから日本ではぐくまれてきた食の知恵や
暮らしのあり方を受け継いでいきたい、
そんな思いから、つくった言葉です。

キャラクターデザイン＝鈴木麻子